Schulstart leicht gemacht

So fördern Sie Ihr Kind im Vorschulalter

Inhalt

- 4 **Fit für die Schule**

7 Der Schlüssel zum Schulerfolg – Sprachförderung

- 8 **Eine Mitgift für das ganze Leben**
  - Sprache ist die Schlüsselqualifikation
- 10 **Auch Rom wurde nicht an einem Tag erbaut**
  - Die Stufen der Sprachentwicklung
- 14 **Der fördernde Alltag**
  - Die Sprachkompetenz unterstützen – vom ersten Lebenstag an
- 20 **Gut vorbereitet auf die Schule**
  - Sprache ist die Grundlage für alle Lernbereiche
- 24 **Wenn nicht alles glatt geht**
  - Störungen der Sprachentwicklung
- 26 **Service**

29 Spaß mit Zahlen – das mathematische Denken fördern

- 30 **Auf die Grundlagen kommt es an**
  - Himmlisch, irdisch, feurig, spritzig: Die Elemente als Basis für das Lernen
- 32 **Erst das Fundament und dann die Türmchen**
  - Die Chancen der ersten sechs Lebensjahre nutzen
- 34 **Auf dem Weg zum Zahlenraum**
  - Kinder lernen mit ihrem Körper
- 36 **Mutters Sprache – Muttersprache**
  - Begabungstraining vom ersten Lebenstag an
- 38 **Rechnen fordert Gedächtnisleistungen**
  - Schritt für Schritt zum richtigen Ergebnis
- 40 **Das Rechnen in der Schule**
  - So werden spezifische Grundlagen gefördert
- 42 **Am Anfang steht das Zählen**
  - Drei Blätter, fünf Steine, zehn Kastanien
- 45 **Größer und kleiner, mehr und weniger**
  - Der Alltag bietet viele Möglichkeiten, mit Mengen umzugehen
- 48 **Service**

51 Mit Feuereifer bei der Sache – Konzentrationsförderung

52 Mit Feuereifer bei der Sache
- Konzentration ist die Voraussetzung für erfolgreiches Lernen

54 Mit allen Sinnen begreifen
- Konzentration ist nicht nur Kopfarbeit – der ganze Körper ist aufmerksam

56 Konzentration im Alltag fördern
- So schaffen Sie gute Rahmenbedingungen

62 Gut vorbereitet auf die Schule
- Wie Sie die Lernfreude Ihres Kindes fördern können

64 Probleme mit der Konzentration
- Was könnte dahinter stecken?

68 Wenn professionelle Hilfe nötig ist
- Diagnose und Therapie von ADS und Wahrnehmungsstörungen

70 Service

73 Stark für den Schulalltag – das Selbstbewusstsein fördern

74 Stark sein fürs Leben
- Warum Kinder Selbstbewusstsein brauchen

76 Das kann Ihr Kind schon
- Schritt für Schritt eigene Wege gehen

78 Raus in die weite Welt
- Ohne Mama in Kindergarten und Schule

80 Wissen macht stark
- Kinder, die viel fragen, erobern die Welt

82 Jungen und Mädchen sind stark
- Wie Kinder lernen, sich selbst zu mögen

84 Das Selbstwertgefühl unterstützen
- Zeigen Sie Ihre Liebe und Zuneigung

86 Geduldig zuhören und klare Regeln aufstellen
- Kinder brauchen Halt und Orientierung

88 Aus Fehlern lernen
- Misserfolge verkraften und Probleme lösen

92 Service

95 Impressum

Fit für die Schule

Um in der Schule erfolgreich zu sein, benötigen Kinder bestimmte Voraussetzungen, die für das Lernen wichtig sind. Diese Fähigkeiten erwerben sie nicht nur im letzten Jahr vor der Einschulung, sondern im Laufe ihrer ersten sechs Lebensjahre. Nie wieder in ihrem späteren Leben sind Kinder so lernfähig wie in dieser Phase. Die Förderung für einen erfolgreichen Schulstart beginnt also schon lange vor der Einschulung.

Als Eltern konnten Sie seit der Geburt Ihres Kindes beobachten, wie es sich in einem beeindruckenden Tempo entwickelt hat. Fasziniert haben Sie zugesehen, wie es zunächst das Laufen und Sprechen gelernt und Schritt für Schritt weitere Kompetenzen erworben hat. Im Kindergartenalter schreitet die Lernentwicklung Ihres Kindes mit Siebenmeilenstiefeln voran. In diesem Alter erwirbt es viele Fähigkeiten, die die Basis für das Lernen in der Schule bilden. Wenn Sie als Eltern wissen, worauf es ankommt, können sie jetzt viel tun, um Ihr Kind optimal auf den Schulstart vorzubereiten.

Was von Schulanfängern erwartet wird

Die Fähigkeiten, die ein Kind für einen guten Schulstart benötigt, ergeben sich aus den besonderen Anforderungen der Schule und sind sehr vielfältig. Sie hängen mit der neuen Umgebung, dem Tagesablauf und der Lernsituation zusammen und natürlich mit den Lerninhalten, die in der Grundschule auf dem Programm stehen. Folgende Bereiche sind für die Schulfähigkeit von besonderer Bedeutung:

Soziale und emotionale Fähigkeiten: Anders als im Kindergarten wird in der Schule erwartet, dass die Schüler jeden Morgen pünktlich zum Unterricht erscheinen, viel stillsitzen und die Anweisungen der Lehrerin befolgen. Das Lernen in der Gruppe verlangt von einem Kind, dass es sich integriert, seine Meinung vertreten, aber auch die eigenen Bedürfnisse zurückstellen oder mit Misserfolgen umgehen kann. All diese Bedingungen machen es notwendig, dass ein Schulkind über bestimmte soziale und emotionale Kompetenzen verfügt, ohne die es in der Schule – auch wenn es in anderen Bereichen sehr fit ist – nicht zurechtkommen wird.

Körperliche Fähigkeiten: Daneben sind es körperliche Voraussetzungen, die ein Schulkind zur Bewältigung der täglichen Anforderungen braucht. Dazu zählt eine körperliche Grundstabilität sowie eine gut entwickelte Wahrnehmungsfähigkeit, zum Beispiel ein uneingeschränktes Seh- und Hörvermögen, ohne das ein Kind dem Unterricht nicht folgen kann. Für das Schreibenlernen ist außerdem eine gewisse motorische Geschicklichkeit vonnöten sowie eine gute Auge-Hand-Koordination, die das Führen des Stiftes erleichtert.

Kognitive Fähigkeiten: Im Bereich der kognitiven Fähigkeiten ist eine hohe Sprachfähigkeit besonders wichtig, da alle Lernprozesse in der Schule sprachlich vermittelt werden. Außerdem benötigen Kinder Motivation, Ausdauer und ein gutes Konzentrationsvermögen, um Aufgaben wirklich bis zum Ende durchführen zu können. Für den mathematischen Bereich ist es hilfreich, wenn Kinder vor dem Schuleintritt schon eine Vorstellung von Mengen entwickelt haben und sich für Zahlen interessieren.

Wenn Kinder in diesen Bereichen gute Grundvoraussetzungen mitbringen, haben sie es in der Schule leichter. Das bedeutet jedoch nicht, dass Ihr Kind alle Anforderung schon erfüllen muss, um eingeschult zu werden. Die Schule erwartet heute keine »fertigen« Schulkinder mehr, vielmehr geht sie davon aus, dass Kinder in der Schule zu Schulkindern werden. Was Kinder mitbringen müssen, sind Voraussetzungen, die es ihnen ermöglichen, in der Schule zu lernen, vom Unterricht zu profitieren und sich wohlzufühlen.

Die Schulfähigkeit zu Hause fördern

Um die Schulfähigkeit Ihres Kindes zu Hause zu fördern, benötigen Sie keine speziellen Lernprogramme. Vielmehr geht es darum, dem Kind durch bestimmte Angebote und Beschäftigungen wichtige Lern- und Entwicklungschancen zu eröffnen. Das kann im Alltag ganz nebenbei und ohne großen Aufwand geschehen, verlangt von El-

Kinder bereiten sich spielend auf die Schule vor

tern jedoch, dass sie sich für ihr Kind interessieren und sich Zeit für es nehmen. Denn Väter und Mütter sind neben anderen Kindern wichtige Lernpartner und das Zuhause neben dem Kindergarten ein wichtiges Lernfeld.

Ihr Kind kann zum Beispiel bei einer Tätigkeit wie Obstschneiden seine Feinmotorik schulen, beim Tischdecken das Zählen üben und beim Kuchenbacken Erfahrungen mit Mengen sammeln. Bei einem gemeinsamen Waldspaziergang können Sie und Ihr Kind die Natur beobachten und auf die Geräusche lauschen. Dabei kann Ihr Kind seine Wahrnehmungsfähigkeit trainieren und seine Aufmerksamkeit verbessern. Solche einfachen, aber gezielten Beschäftigungen und Angebote sind es, die eine optimale Lernbedingung für Ihr Kind schaffen.

Mit diesem Buch möchten wir Sie dabei unterstützen, die Schulfähigkeit Ihres Kindes gezielt zu fördern. Dazu haben wir vier zentrale Bereiche herausgegriffen, die für den schulischen Erfolg sehr wichtig sind und im Vorschulalter unterstützt werden können:

- Sprachförderung
- Förderung des mathematischen Denkens
- Konzentrationsförderung
- Förderung des Selbstbewusstseins

Zu allen vier Bereichen sind in diesem Buch hilfreiche Informationen sowie konkrete Tipps und Anregungen zusammengestellt, wie Sie Ihr Kind spielerisch fördern können.

Auf dem Weg in die Schule

Wenn der Zeitpunkt der Einschulung näher rückt, werden Sie sich fragen, ob Ihr Kind für die Anforderungen gut gerüstet ist. Hilfreich ist es dann, es genau zu beobachten um festzustellen, was es in den genannten Bereichen schon kann und wo eventuell noch Förderbedarf besteht. In dieser Phase ist es auch sinnvoll, das Gespräch mit der Erzieherin zu suchen und sich über die Stärken und Schwächen Ihres Kindes auszutauschen. Denn wenn es um die Einschätzung der Schulfähigkeit geht, ist eine genaue Kenntnis des kindlichen Entwicklungsstandes wichtig. Wenn Sie als Eltern, der Kindergarten und die Schule Ihr Kind aufmerksam fördern und begleiten, wird es den Übergang vom Kindergarten in die Schule problemlos bewältigen und ein interessiertes und motiviertes Schulkind werden.

Der Schlüssel zum Schulerfolg – Sprachförderung

■ Sprache eröffnet uns den Zugang zur Welt. Über Sprache treten wir in Kontakt miteinander, teilen unsere Wünsche und Gefühle mit und eignen uns unsere Umwelt an. Sprache spielt außerdem beim Lernen eine wichtige Rolle, das gilt besonders für die Schule. Um Ihrem Kind gute Bildungschancen zu eröffnen, ist es deshalb entscheidend, dass Sie es in seiner Sprachentwicklung unterstützen.

In diesem Kapitel erfahren Sie, wie das im täglichen Miteinander durch Gespräche, Reime, Sprachspiele oder Vorlesen geschehen kann. Sie erhalten außerdem Anregungen, wie Ihr Kind einen breiten Wortschatz und eine gute Sprachfähigkeit aufbaut. Mit einem solchen sprachlichen Fundament ausgerüstet hat es gute Chancen, in allen schulischen Lernbereichen erfolgreich zu sein.

Eine Mitgift für das ganze Leben
Sprache ist die Schlüsselqualifikation

Sprachkompetenz eröffnet den Zugang zu besseren Bildungschancen und mehr Lebensqualität.

■ Ganz ohne Lehrplan, ohne Arbeitsblätter, Förderprogramme und geregelten Unterricht lernen Kinder etwas, das für ihr ganzes Leben von entscheidender Bedeutung ist: ihre Muttersprache. Mit dieser Grundausrüstung können sie antreten, die Welt zu erobern. Denn Sprache ist das Medium des Lernens schlechthin. Das gilt für die Lernprozesse, die Kinder im Vorschulalter durchlaufen, und zeigt sich besonders in der Schule: Dort sind diejenigen Kinder erfolgreich, die eine Anweisung des Lehrers verstehen. Sie können ihre ganze Aufmerksamkeit und Konzentration auf das Lösen der gestellten Aufgabe verwenden und müssen nicht die Hälfte der Arbeitszeit darüber nachdenken, was sie eigentlich tun sollen. Doch nicht nur Arbeitsanweisungen, sondern sämtliche Themen und Inhalte, die in der Schule auf dem Lehrplan stehen, werden durch Sprache vermittelt. Kinder, die gut Lesen und Schreiben können und über eine hohe Sprachkompetenz verfügen, haben deshalb in allen Unterrichtsfächern bessere Chancen. Um ihrem Kind einen erfolgreichen Bildungsweg zu eröffnen, sollten Eltern deshalb größte Sorgfalt auf die Spracherziehung ihres Kindes verwenden. Es ist einfach, das zum rechten Zeitpunkt zu tun. Haben sich die entscheidenden Entwicklungsfenster jedoch geschlossen, kann Versäumtes nur schwer aufgeholt werden und ein Kind bleibt unter Umständen ein Leben lang benachteiligt.

Sprechen, Denken und Wahrnehmen

■ Intelligenz und Sprachkompetenz hängen zusammen. Man könnte sagen: Wer besser sprechen kann, kann besser denken. Denken in seiner reinen und abstrakten Form ist ja nichts anderes als das Herstellen von Beziehungen zwischen Dingen und Fakten, die ich nur in der Vorstellung zur Verfügung habe. Um im Kopf mit Objekten zu operieren, muss ich sie benennen können, ich muss Namen für sie haben. Das versetzt mich in die Lage, jederzeit auf sie zuzugreifen, sie sozusagen aus meinen »Gedächtnisschubladen« herauszuholen. Während dieser Zusammenhang zwischen Denkfähigkeit und Sprachkompetenz wahrscheinlich auf Anhieb einleuchtet, ist es etwas weniger selbstverständlich, dass auch die Qualität unserer Wahrnehmung von der Vielfalt unserer Sprache abhängt. Jeder kann

Sprache bringt Menschen in Kontakt

dies selbst erfahren, wenn er einen Spaziergang macht: Am Wegesrand gibt es viele Blumen und Pflanzen, die wir in ihrer großen Vielfalt und Unterschiedlichkeit gar nicht alle zur Kenntnis nehmen. Wenn wir aber dank eines Pflanzenbestimmungsbuches wissen, wie zum Beispiel eine Ackerwitwenblume aussieht, so werden wir immer dann, wenn wir eine sehen, ihren Namen gegenwärtig haben und sie deshalb auch bewusst wahrnehmen.

Eine gute Sprachfähigkeit stärkt die seelische Stabilität

■ Und noch aus einem anderen Grund sollten wir uns bemühen, unseren Kindern eine gute Sprachfähigkeit mit auf den Lebensweg zu geben: Wissenschaftlichen Untersuchungen zufolge neigen Menschen, die ihre Gefühle nicht benennen und deshalb auch nicht differenziert wahrnehmen können, eher dazu, Konflikte durch Gewalt auszutragen als andere, die sich adäquat artikulieren können. Wer ausdrücken kann, was er denkt, empfindet oder meint, kann sich wehren, wenn er sich ungerecht behandelt fühlt. Er muss seine Emotionen nicht so lange herunterschlucken, bis er explodiert.

Wenn unsere Kinder die Möglichkeit haben, im Gespräch mit uns zu lernen, wie Gefühle in Worte gefasst werden und wie man eine verbale Auseinandersetzung führt, machen wir sie nicht nur lebenstüchtiger, wir tragen auch entscheidend zu ihrer seelischen Stabilität bei. Das Wort »Selbstbewusstsein« drückt dies aus: Jemand, der darüber verfügt, ist sich seiner selbst bewusst. Er weiß, wer er ist und kann das artikulieren, denn zum Bewusstsein gehört die Sprache. Selbstbewusstsein ist wiederum die Voraussetzung dafür, sich selbst wertvoll zu finden, also Selbstwertgefühl zu entwickeln. Und etwas besonders Wichtiges: Selbstbewusste Menschen lassen sich weniger leicht von anderen beeinflussen. Sie sind eben nicht »fremdbewusst«, sondern wissen, was sie wollen, und können das auch vertreten und ihren eigenen Weg gehen. <<<

Wer eine gute Sprachfähigkeit besitzt, kann mit seinen eigenen und den Gefühlen anderer besser umgehen.

Auch Rom wurde nicht an einem Tag erbaut

Die Stufen der Sprachentwicklung

Wie verspeist man einen Elefanten? In kleinen Bissen! Und genauso lernt man Sprechen.

Es macht große Freude, mit Kindern zu sprechen. Viele Eltern können es kaum erwarten, bis es endlich so weit ist. Der Spracherwerb ist eine sehr große Sache, ein geradezu gigantisches Unternehmen. Alle Kinder bewältigen es irgendwie. Das ist erstaunlich, wenn wir bedenken, dass sie sich diesen riesigen »Brocken« ganz ohne Schule und Unterricht aneignen. Dennoch verläuft dieser Prozess nicht komplett automatisch ab. Die Umwelt des Kindes hat einen entscheidenden Anteil daran, und das ist den meisten Eltern auch bewusst. Die großen Qualitätsunterschiede in der Sprachbeherrschung, die sich bei Schulanfängern beobachten lassen, kommen nicht von ungefähr und haben wenig mit der Begabung der Kinder zu tun.

Nichts können Eltern so leicht unterstützen wie die Sprachentwicklung ihres Kindes. Sie brauchen keine speziellen Fachkenntnisse oder Talente dafür. Viele Eltern fördern ihre Kinder vorbildlich, weil sie intuitiv das Richtige tun. Wenn Eltern allerdings wissen, worauf es ankommt, können sie den Prozess des Spracherwerbs gezielt begleiten. Sie werden die Fortschritte bewusst wahrnehmen und sich auch von Eigentümlichkeiten der Kindersprache nicht irritieren lassen. Vor allem werden sie Fehler vermeiden, die für ihr Kind entwicklungshemmend sein können.

Am Anfang ist das Lallen – das Babyalter

Sprache entwickelt sich vom ersten Lebenstag an. Das Kind trainiert seine Stimme durch Quieken, Krähen und Schreien. Bald beginnt es zu lallen. Es ist wichtig, dass Eltern von Anfang an mit ihrem Baby sprechen. So geben sie ihm Zuwendung, bauen eine emotionale Beziehung auf und bereiten den Boden für den aktiven Spracherwerb. Dieser beginnt mit etwa sechs Monaten, wenn das Kind die gehörten Laute nachahmt. Eltern sollten alle Gelegenheiten nutzen, mit ihrem Kind zu sprechen, ihm etwas zu erzählen, vorzusingen oder ihre Handlungen mit Erklärungen zu begleiten. Das Kind passt seine Laute nach und nach der Muttersprache an. So entwickelt sich ein Vokabular von Lall-Wörtern wie »schsch«, »bababa«, »llll«, »tatata«. In dieser Phase bieten Krabbelverse und Kinderreime einen Anreiz zur Nachahmung, fördern die motorische Entwicklung und machen dem Kind jahrelang Freude.

Wörter sind Bausteine – das Kleinkindalter

■ Bevor das Kind spricht, versteht es schon vieles von dem, was wir zu ihm sagen. Dieses Sprachverständnis baut sich ungefähr ab dem Alter von neun Monaten auf. Es gibt viele Möglichkeiten, das Sprachverständnis gezielt zu fördern. Sie können sich zum Beispiel beim Spielen von Ihrem Kind Gegenstände zeigen lassen: »Wo ist die Puppe? Und wo ist die Katze?« Oder Sie begleiten Ihre Tätigkeiten mit Beschreibungen: »Jetzt muss ich die Kartoffeln waschen. So, nun sind sie sauber. Jetzt kommen sie in den Topf. Da kommt Wasser rein.« In dieser Phase sollten Sie auch damit beginnen, mit Ihrem Kind Bilderbücher zu betrachten, ihm Geschichten zu erzählen und vorzulesen.

Zwischen ein und zwei Jahren ist das Kind Jäger und Sammler. Es erwirbt die Basis seines Wortschatzes. Zunächst sind diese Wörter denkbar einfach: »Mama« und »Papa« bestehen nur aus einer Silbenverdopplung. Mit anderthalb Jahren kann das Kind den einzelnen Wörtern durch unterschiedliche Betonung schon den Charakter eines Satzes geben. »Auto?« mit fragend erhobener Endsilbe kann heißen: »Ist das ein Auto?« oder »Fahren wir jetzt Auto?«, während das bestimmt und laut ausgerufene »Auto!« wahrscheinlich bedeutet: »Ich will ein Auto!« Mit zwei Jahren kann das Kind viele Dinge beim Namen nennen und hat sich auch schon einige Verben und Adjektive angeeignet wie essen, trinken, schlafen, lieb, schön, böse.

Gespräche sind das A und O der Sprachförderung

Und nun geht's steil bergauf – das Kindergartenalter

■ Die rasante Entwicklung, die nun einsetzt, ist nach oben offen und hört eigentlich nie mehr auf, wenn es gelingt, dem Kind eine fördernde Umgebung mit zahlreichen Sprech- und Denkanreizen zu bieten. Die Jagd nach Wörtern geht unvermindert weiter. Wenn Sie mit Ihrem Kind reden, sollten Sie sich nicht auf das kindliche Sprachniveau herabbegeben, sondern korrekt mit ihm sprechen. Natürlich richtet es keinen Schaden an, wenn Sie einzelne Wörter aus der Kindersprache in den Familien-Sprachschatz übernehmen. Wichtig ist jedoch, dass Sie Ihrem Kind die Chance geben, etwas dazuzulernen.

Je mehr Wörter das Kind in seinem Sprachbaukasten hat, desto schönere Bauwerke kann es später gestalten.

Sprachentwicklung und Bewegungsspiele gehören zusammen

Die Welt ist für uns stets eine Antwort, die von der Frage abhängt, die wir an sie stellen.
(Stanislaw Brzozowski)

Zwischen zwei und drei Jahren beginnt Ihr Kind »echt« zu sprechen und bildet erste einfache Sätze. Sie als Eltern liefern die »Baupläne« dafür, indem Sie mit Ihrem Kind in vollständigen Sätzen sprechen. Die Gespräche mit Ihrem Kind werden nun umfangreicher und komplexer. Mit circa drei Jahren will es nämlich nicht nur wissen, wie die Dinge heißen. Es interessiert sich auch für Hintergründe. Neben Wer- und Was-Fragen stellt es vermehrt Wie- und Warum-Fragen. Sowohl Sprach- als auch Intelligenzentwicklung treten nun in ein wichtiges Stadium ein. Für Eltern ist es manchmal sehr anstrengend – und auch nicht immer ganz einfach –, die Unzahl kindlicher Fragen zu beantworten. Wenn Kinder jedoch erleben, dass sie keine Antworten erhalten, hören sie auf zu fragen und nehmen es als gegeben hin, dass sie in einer Welt leben, die sie nicht verstehen. Diese Kinder werden auch in der Schule nicht nachfragen, wenn sie etwas nicht verstanden haben. Sie sind frühzeitig demotiviert worden und haben das Interesse verloren. Deshalb ist es so besonders wichtig, dass Sie mit Ihrem Kind sprechen und auf seine Fragen eingehen. Wissen Sie etwas nicht, so können Sie mit Ihrem Kind gemeinsam in einem Buch nach den entsprechenden Informationen suchen. Erlebt Ihr Kind, dass sein Bemühen, die Welt zu verstehen, von Ihnen ernst genommen wird, so setzt es dieses Bemühen fort und wird mit großer Wahrscheinlichkeit ein lernbegieriges, interessiertes und auch anstrengungsbereites Schulkind. Einen wichtigen Platz im Kinderleben sollte nun das Vorlesen von Büchern und das Aufsagen und Lernen von Kindergedichten haben. Sprachverständnis, Merkfähigkeit und auch das deutlich artikulierte Sprechen werden dadurch gefördert.

Märchen – ein Sprachschatz

■ Ein besonderer Schatz sind Märchen, die Kinder ab diesem Alter sehr faszinieren. Sie bieten viele Wörter, die weder in der Alltagssprache noch in der modernen Kinderliteratur vorkommen. Vor vielen Jahren gab es eine Untersuchung darüber, ob Grundschulkinder in ihrer Sprachkompetenz merklich gefördert werden, wenn sie täglich Märchen hören. Einer Versuchsgruppe wurden täglich grimmsche Märchen vorgelesen und einer Kontrollgruppe genau so oft und lange Kinderbücher. Zu Beginn der Untersuchung und nach einem halben Jahr wurden beide Gruppen im Hinblick auf ihre Sprachkompetenz untersucht. Die Märchengruppe hatte signifikant größere Fortschritte gemacht als die Kontrollgruppe.

Was für Grundschulkinder gilt, ist in noch höherem Maße für Kindergartenkinder von Bedeutung. Wenn sie mit der Sprache der Märchen vertraut gemacht werden, eröffnen sich ihnen Entwicklungschancen, die der Alltag nicht bieten kann. Wo könnte man sonst einen solchen Satz hören? »Der treue Heinrich hatte sich so betrübt, als sein Herr war in einen Frosch verwandelt worden, dass er drei eiserne Bande hatte um sein Herz legen lassen, damit es ihm nicht vor Weh und Traurigkeit zerspränge.« <<<

Sitzen zwei Tauben auf einem Dach

Dieser Kindervers regt zum Staunen und Nachdenken an.
Auf beide Zeigefinger wird mit Spucke ein kleines Stückchen einer einzigen Lage eines Papiertaschentuches festgeklebt. Dann werden die Finger zu dem Vers wie folgt bewegt:
Sitzen zwei Tauben auf einem Dach,
Zeigefinger klopfen auf den Tisch,
die eine fliegt weg,
der rechte Zeigefinger fliegt in die Luft, der Mittelfinger ohne Täubchen wird zurück auf den Tisch gelegt, dabei wird der Zeigefinger so gekrümmt, dass die Taube versteckt ist,
die andre fliegt weg,
genauso wird nun der linke Zeigefinger gegen den Mittelfinger ausgetauscht,
die eine kommt wieder,
der rechte Mittelfinger fliegt hoch, der rechte Zeigefinger kommt zurück,
die andere kommt wieder.
genauso fliegt der linke Mittelfinger hoch, der linke Zeigefinger kommt zurück,
Da sitzen sie alle beide wieder.
Zeigefinger klopfen auf den Tisch.

Der fördernde Alltag

Die Sprachkompetenz unterstützen – vom ersten Lebenstag an

Kinder fördern heißt, den Alltag mit ihnen so zu gestalten, dass Förderung ganz nebenbei und wie von selbst geschieht.

■ Natürliches Lernen geschieht ganz nebenbei, ohne dass dafür ein eigenes Programm existiert. Diese Art des Lernens hat früher hervorragend geklappt. Eltern haben einfach das getan, was ihnen sinnvoll erschien. Heute herrscht oft Unsicherheit darüber, was wichtig und förderlich ist. Dabei ist es nach wie vor ganz einfach, Kinder zu fördern. Die wichtigste Voraussetzung dafür ist ein echtes, natürliches Interesse am Kind. Wer Kinder langweilig findet, hat wenig Lust, mit ihnen zu plaudern, und empfindet jegliche Unterhaltung als lästige Pflicht. Er versäumt die Chance, sein Kind in seiner Sprachkompetenz zu unterstützen. Es ist jedoch auch nicht nötig, dass Eltern sich bei jeder Gelegenheit mit Belehrungen und Erklärungen auf ihr Kind stürzen. Stattdessen kann Sprachförderung im alltäglichen Umgang mit dem Kind ganz nebenbei geschehen.

Krabbelverse und Kinderreime

■ Es gibt viele Bücher zu diesem Thema und die Fülle kann erschlagend wirken. Lassen Sie sich dadurch nicht irritieren und denken Sie daran: Sie brauchen nur einige wenige Verse, denn Kinder lieben die Wiederholung. Was ihnen gefällt, wollen sie immer wieder hören. Verlangen Sie deshalb nicht zu viel von sich, sondern suchen Sie sich einen oder zwei Reime aus, die Ihnen und Ihrem Kind gefallen, und beginnen Sie damit.

Fingerspiel

Fünf Finger stehen hier und fragen:
»Wer kann wohl diesen Apfel tragen?«
Der erste Finger kann es nicht.
Der zweite sagt: »Welch ein Gewicht!«
Der dritte kann ihn auch nicht heben.
Der vierte schafft es nie im Leben.
Der fünfte aber spricht:
»Ganz alleine geht es nicht!«
Gemeinsam heben kurz darauf
fünf Finger diesen Apfel auf.

So sprechen wir alle Tage

■ Ohne sich dessen bewusst zu sein, versäumen Eltern im Alltag oft Gelegenheiten, sich mit ihrem Kind sprachlich auseinander zu setzen. Bei Einkäufen im Supermarkt spielen sich häufig Szenen wie die folgende ab:

Kind: »Mama, schau, da gibt's rote Nudeln!« Mutter: »Stör mich jetzt nicht.« Kind: »Mama, schau, da gibt's Osterhasen!« Mutter: »Sei still, bitte!«

Klatschspiele trainieren das Gefühl für Rhythmus

Kind: »Mama, kaufst du mir einen Osterhasen?« Mutter: »Nein.« Kind: »Warum nicht?« Mutter: »Nerv mich jetzt bitte nicht.« Kind bringt den Osterhasen und zeigt ihn der Mutter. Kind: »Mama, schau, so schön ist der!« Mutter: »Leg den Osterhasen zurück.« Kind: »Kauf ihn mir, bitte!« Mutter: »Zurücklegen, hab ich gesagt!« Das Kind legt den Osterhasen wieder zurück. Kind: »Mama, schau, da gibt's Überraschungseier!« Mama: »Wenn du jetzt nicht gleich aufhörst, kriegst du Ärger mit mir!«

Das Kind wird in der Szene entweder gar nicht beachtet oder sprachlich »abgewürgt«. Dabei wäre eine alltägliche Kommunikationssituation wie diese ein ideales Übungsfeld gewesen. Die Mutter hätte zum Beispiel das Thema rote Nudeln aufgreifen und ihrem Kind erklären können, dass die rote Farbe durch das Beimischen von Tomatenmark entsteht. Der Schokoladenhase hätte Anlass für ein kurzes Gespräch darüber sein können, dass es für ihn noch viel zu früh ist, da Ostern noch ziemlich weit weg ist. Anhand der Überraschungseier hätte die Mutter erklären können, warum das Kind nicht bei jedem Einkauf Süßigkeiten bekommt. So hätte das Kind einige wichtige Lernimpulse und Informationen erhalten:

1. Mama nimmt mich ernst und redet mit mir.
2. Die Farbe der roten Nudeln kommt von Tomaten.
3. Für Osterhasen ist es noch zu früh.
4. Ich bekomme nicht jedes Mal beim Einkaufen Süßigkeiten.

Kinderreim

Meine Mi, meine Ma,
meine Mutter schickt mich her.
Ob der Ki, ob der Ka,
ob der Kuchen fertig wär.
Wenn er ni, wenn er na,
wenn er noch nicht fertig wär,
käm ich mi, käm ich ma,
käm ich morgen wieder her.

Wenn Kinder auf taube Ohren stoßen, hören sie auf zu fragen und sich mitzuteilen.

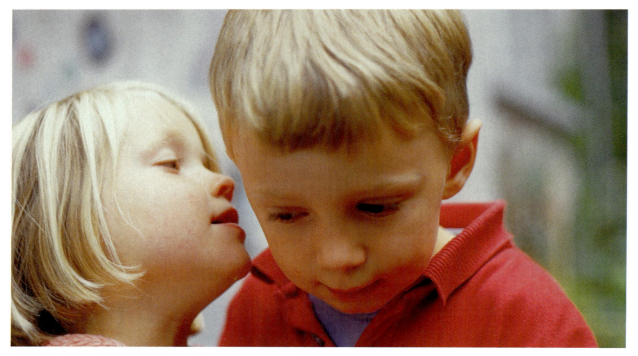

»Stille Post« schult das Hörvermögen und die Sprachkompetenz

Die Zweige geben Kunde von der Wurzel.
(Arabisches Sprichwort)

Ohne Vorbild keine Nachahmung

■ In allen Lebensbereichen brauchen Kinder das Vorbild der Erwachsenen. Wenn Sie mit Ihrem Kind sprechen, beachten Sie deshalb folgende wenige Punkte:

- Sprechen Sie mit Ihrem Kind langsam und deutlich. Verschlucken Sie keine Silben.
- Vermeiden Sie unvollständige Sätze wie »Hinsetzen!« oder »Still sein!«. Sagen Sie stattdessen: »Setz dich da hin!« oder »Sei jetzt bitte still!«.
- Zögern Sie nicht, mit Ihrem Kind »ordentlich« zu sprechen. Wenn Ihr Kind gewohnt ist, dass Sie ihm auf Fragen antworten, wird es nachfragen, wenn es etwas nicht verstanden hat.
- Ihre Sprache liefert Ihrem Kind Satzbau-Muster, die es nachahmt. Nur wenn Ihr Kind in der Vorschulzeit genügend Gelegenheit hatte, richtige Sätze zu hören, wird es als Schulkind auch in der Lage sein, selbst solche zu formulieren.

Die Freude am Sprechen

■ Kinder brauchen echte, lebendige Partner, um ihre sprachlichen Fähigkeiten zu entwickeln. Sie können das Sprechen nur lernen, wenn jemand da ist, der auf ihre Äußerungen reagiert und sich für sie interessiert. Diese Aufgabe kann nicht von Kassettenrecordern, Sprachlernprogrammen oder Fernsehern übernommen werden. Dies konnte ich in meinem Bekanntenkreis bei einem Mädchen mit Namen Sonja beobachten. Sie war ein ruhiges Kind und liebte es schon mit drei Jahren, stundenlang vor dem Kassettenrecorder zu sitzen. Ihre Eltern lobten sie sehr, weil sie sich so gut alleine beschäftigen konnte. Wenn ich versuchte, mit Sonja ins Gespräch zu kommen, antwortete sie jedoch kaum oder nur mit ein, zwei Wörtern, und zog sich sehr schnell wieder zurück. Als Sonja eingeschult wurde, kam das, was kommen musste: Sie hatte größte Schwierigkeiten beim Lesenlernen und erwies sich sprachlich als sehr schwach. Das wiederum beeinträchtigte ihre schulischen Leistungen auch auf anderen Gebieten.

Das A und O: Gesprächspartner

■ Was Sonja fehlte, war ein sprachliches Gegenüber. Denn zum Sprechenlernen gehört der soziale Kontext. Kinder ohne menschlichen Ansprechpartner verstummen. Deshalb sollten Eltern alle Gelegenheiten nutzen, mit ihrem Kind ins Gespräch zu kommen. Die häufigsten Gesprächsanlässe bieten Alltagshandlungen, die kommentiert werden. Kinder machen das selbst sehr oft. Wenn Ihr Kind Ihnen bei einer Tätigkeit zusieht, können Sie mit ihm über das sprechen, was Sie gerade tun. Das wird Ihr Kind seinerseits zu Kommentaren und Fragen anregen. Ein klassischer Dialog beim Kochen: Mutter: »Jetzt muss ich Zwiebeln schneiden.« Kind: »Die sind immer so scharf!« Mutter: »Ja, die brennen in den Augen. Da muss ich oft richtig weinen.« Kind: »Was machst du dann?« Mutter: »Dann dünste ich die Zwiebeln.« Kind: »Was ist dünsten?«.

Wer lernt, macht Fehler

■ Kinder, die Laufen lernen, fallen oft hin. Kinder, die Sprechen lernen, machen viele Fehler. Verhängnisvoll ist es, solche Fehler zu korrigieren. Wer lernt, braucht die Freiheit, sich zu erproben. Wenn das Kind zum Vater kommt und klagt: »Sssau, Papa, ich hab mich gessneidet!«, dann kann der Vater noch einmal richtig wiederholen: »Ja, Paula, du hast dich geschnitten, ich sehe es!« So liefert er ein korrektes Sprachvorbild, ohne sein Kind auf seinen Fehler aufmerksam gemacht zu haben. Außerdem zeigt er sich aufmerksam und interessiert und motiviert Paula, sich sprachlich mitzuteilen.

Werden Kinder aber verbessert, zum richtigen Nachsprechen aufgefordert oder in ihrer Sprechweise kritisiert, so erlischt die Freude am Sprechen. An ihre Stelle tritt die Angst vor Fehlern und Angst ist der Lernkiller schlechthin.

Gespräche mit Kindern gelingen, wenn sie auf gleicher Augenhöhe geführt werden.

Gedicht

Es war einmal ein Mann,
der hatte einen Schwamm.
Der Schwamm war ihm zu nass,
da ging er auf die Gass.
Die Gass war ihm zu voll,
da ging er nach Tirol.
Tirol war ihm zu klein,
da ging er wieder heim.
Daheim war's ihm zu nett,
da legt er sich ins Bett.
Im Bett war eine Maus,
und die Geschicht' ist aus.

Viele Wörter – ein Schatz

■ Wer differenziert sprechen kann, kann auch differenziert denken. Die elementaren Bausteine unserer Sprache sind die Wörter. Damit ein Kind einen großen Wortschatz erwirbt, braucht es viele Gelegenheiten, Begriffe mit konkreten Erfahrungen zu verknüpfen, zum Beispiel mit den Händen fühlen, dass das Fell weich ist. Erst wenn es bereits über ein stabiles Sprachfundament verfügt, kann es ein neues Wort auch durch bloßes Erklären verstehen. Es gibt zahlreiche Gelegenheiten, den Wortschatz Ihres Kindes zu erweitern: Bilderbuchbetrachtungen, Vorlesen, Geschichten erzählen oder das Benennen von Dingen, die Sie gerade im Alltag benutzen. Besonders viele Lernmöglichkeiten tun sich bei Spaziergängen auf. Was gibt es da nicht alles zu sehen: Bäume, Blumen, Gräser, Steine, Tiere! Die Natur bietet außerdem unzählige Gelegenheiten, sinnliche Erfahrungen zu machen und diese auch zu benennen: den nassen Regen, den kalten Schnee, den warmen Sonnenschein, eine raue Baumrinde, das weiche Gras, den würzigen Duft des Löwenzahns und seine klebrigen Stiele, aus denen die Milch läuft, die schwarze Flecken auf der Haut verursacht.

Zum Aufbau eines reichen Wortschatzes gehören viele sinnliche Erfahrungen.

Bücher und Geschichten

■ Vorlesen und Erzählen bereichern den Wortschatz Ihres Kindes. Das ist aber längst nicht alles. Beim Vorlesen übt Ihr Kind, mit seinen Gedanken bei der Sache zu bleiben, sonst versteht es nicht, worum es geht. Es muss sich merken, was bisher geschehen ist, sonst kann es der Handlung nicht folgen. Werden ihm längere Geschichten erzählt oder vorgelesen, lernt es umfangreichere Sprachgebilde kennen, die einen zusammenhängenden Inhalt wiedergeben.

Dies ist eine gute Vorbereitung für die Schule, in der von ihm erwartet wird, dass es längere korrekte Sätze bilden, Erlebnisse in der Vergangenheit erzählen und Gedankengänge beschreiben kann. Vorlesen ist also unter vielen Aspekten etwas höchst Nützliches, eigentlich Notwendiges. Dieses Vorlesen kann jedoch nicht der Kassettenrecorder übernehmen. Der »echte« Erzähler und Vorleser ist ein Ansprechpartner, zu dem ein sozialer Kontakt besteht und

Rätsel

Viele Kinder begeistern sich für Rätsel, von denen es eine Menge gibt und die sich mit älteren Kindern auch gemeinsam erfinden lassen:
Welches Glöckchen hört man nicht?
Das Schneeglöckchen.
Welcher Hut passt auf keinen Kopf?
Der Fingerhut.
Welcher Hahn kann nicht krähen?
Der Wasserhahn.
Welche Meisen können nicht singen?
Die Ameisen.
Wer ist der kleine schwarze Mann, der ohne mich nicht laufen kann?
Mein Schatten.
Wer trägt die große weiße Mütze und arbeitet bei großer Hitze?
Der Koch.

mit dem über das Gehörte gesprochen werden kann, er sollte deshalb die Regel sein.

Bilder im Kopf

■ Wenn Kinder eine Geschichte hören, schaffen sie die Bilder dazu in ihrem Kopf. Jedes Kind hat eine eigene Vorstellung davon, wie Pippi Langstrumpf aussieht. Sich etwas vorstellen zu können ist eine wichtige Fähigkeit. Es ist die wesentliche Voraussetzung für erfolgreiches Lernen. Wer sich selbst Bilder machen kann, versteht Gelesenes besser, kann schönere Geschichten schreiben und im Kopf leichter Zahlen ordnen. Wenn Kinder Geschichten nur vom Fernseher erzählt bekommen, werden die Bilder bereits mitgeliefert und die Fähigkeit, sie selbst zu erfinden, kann nicht entwickelt werden.

Gedichte sind wie Edelsteine

■ Sprache ist nützlich und notwendig, das wird niemand in Frage stellen. Sprache kann aber noch mehr, sie kann auch schön sein. In unseren Kindern die Freude an schöner Sprache zu wecken heißt, ihnen etwas sehr Kostbares mitzugeben. Über Kinderreime und Lieder wird das erste Bewusstsein für kunstvolle Sprache bereits geweckt. Kinder haben außerdem großen Spaß daran, selbst Reime zu finden. Wenn wir diese kindliche Neigung ausnützen, können wir ihnen ganz leicht, selbstverständlich und ohne große Anstrengung ein Sprachgebiet erschließen, zu dem

Tägliches Vorlesen ist die beste Förderung

nur wenige Menschen Zugang finden: das Gebiet der Lyrik. In Gedichten kommen viele verschiedene Fördermöglichkeiten zusammen. Gedichte

- schulen das Gefühl für Rhythmus,
- erweitern den Wortschatz beträchtlich,
- geben Anregungen für einen kreativen Umgang mit Sprache,
- verbessern das Sprachgefühl,
- regen zum Nachdenken an,
- liefern Sprachmuster.

Eine reiche, differenzierte Sprache eröffnet den Zugang zu einem reichen, differenzierten Denken.

Gut vorbereitet auf die Schule
Sprache ist die Grundlage für alle Lernbereiche

Hören und Verstehen sind die Voraussetzungen für das Lesenlernen.

■ Sprache ist nach wie vor das Hauptmedium schulischen Lernens. Der Aufbau eines guten Sprachverständnisses im Vorschulalter ist deshalb der Schlüssel für den schulischen Erfolg Ihres Kindes. Das gilt an erster Stelle für das Lesenlernen, was sich leicht verdeutlichen lässt: Beim Lesen müssen Kinder optische Zeichen decodieren und in eine Folge von Lauten übersetzen. Wer das Wort V-a-t-e-r buchstabierend liest, muss noch lange nicht verstehen, was es bedeutet. Manche Kinder lesen ein Wort immer wieder laut, bis sie seine Bedeutung endlich über das Hören entschlüsselt haben. Was bei einem einzelnen Wort schon schwierig ist, wird bei einem ganzen Satz noch komplizierter. Der Anfang eines Satzes muss beim lauten Lesen so lange im Gedächtnis behalten werden, bis der Satz vollständig ist. Sonst lässt sich sein Sinn nicht erschließen. Kinder, die bereits im unmittelbaren Gespräch nur einfache Sätze verstehen, tun sich damit sehr schwer. Sie müssen das, was sie verstehen wollen, erst laut lesen und sich merken, bis sie einen Sinnzusammenhang herstellen können. Kinder mit einem guten sprachlichen Fundament können schneller vom Verstehen über das Hören zum Verstehen über das »innere Ohr« beim leisen Lesen wechseln. Was für das Lesenlernen gilt, gilt auch für alle anderen Lernbereiche: Ohne ein gutes Sprachverständnis tun sich Schulkinder schwer.

Arbeitsanweisungen verstehen

■ In der Schule müssen Kinder verstehen, was sie tun sollen. Arbeitsanweisungen können sehr einfach sein: »Nimm den roten Stift aus dem Mäppchen.« Bereits mit einem solchen Arbeitsauftrag kommen Kinder unterschiedlich gut zurecht: Manche Kinder tun ohne zu zögern das, was ihnen aufgetragen wurde. Andere vergewissern sich vorher, was der Nachbar macht. Wieder andere sehen hilfesuchend zur Lehrerin und wollen eine Erklärung. Die wenigsten Anweisungen sind in der Schule aber so einfach, vielmehr geht es meistens um zwei- oder dreigliedrige Anweisungen: »Lege deine blaue Mappe auf die Bank, schlage das Heft auf und nimm einen Bleistift in die Hand.« Erfolgreiche Schüler verstehen das und können es befolgen, ohne nachfragen zu müssen. Nirgends werden die Unterschiede zwischen leistungsstarken und schwachen Schülern so deutlich wie hier: Gute Schüler verstehen Sprache, und zwar nicht nur Geschichten, sondern auch sachliche Inhalte.

Ein gutes Sprachverständnis fördern Eltern durch Erzählen, Vorlesen und Gespräche. Eine gute Übung ist es außerdem, wenn Kinder im Haushalt kleine Aufgaben erledigen. Wenn sie daran gewöhnt sind, einen Arbeitsauftrag anzunehmen und auszuführen, tun sie sich in der Schule wesentlich leichter. »Hol doch bitte die Post rein, mein Schatz, leg die Zeitung auf den Esstisch und die Briefe auf die Kommode im Flur.« Das ist nicht nur eine Aufforderung zu helfen, sondern zugleich Vorbereitung auf die Schule.

Phonetische und phonologische Fähigkeiten

■ Wenn Kinder in die Schule kommen, sollten sie alle Laute unserer Sprache, die Phoneme, bilden können. Wer beim Lesenlernen noch kein »k« sprechen kann, sondern immer »t« sagt, wird nicht verstehen, was er sich selbst laut vorliest. Aus »Keller« wird dann »Teller«, und das ist etwas anderes. Deshalb ist deutliches Sprechen wichtig, und Kinder, die hier noch Defizite haben, müssen genau beobachtet werden, damit ein eventueller Förderbedarf rechtzeitig erkannt wird.

Dass unterschiedliche Laute unterschiedliche Bedeutungen haben, ist eine wichtige Erkenntnis. Um beim Beispiel von »Teller« und »Keller« zu bleiben: Ein Kind, das phonetisch noch nicht in der Lage ist, »k« und »t« zu unterscheiden, wird sagen: »Im Teller ist eine Maus«, wenn es meint: Im Keller ist eine Maus.

Die korrekte Aussprache von Lauten lässt sich durch das Aufsagen von Versen und Gedichten oder auch Zungenbrechern trainieren.

Bei Sprachproblemen hilft gemeinsames Üben

Freundschaften entstehen durch Kommunikation

Verfügt es jedoch über die phonologische Fähigkeit, »t« und »k« zu unterscheiden, und wir sprechen den Satz »Die Maus ist im Teller«, so wird das Kind erkennen, dass der Satz falsch ist. Es kann den Unterschied *hörend* wahrnehmen, auch wenn es ihn *sprechend* noch nicht ausdrücken kann. Phonetische und phonologische Fähigkeiten werden durch bewusstes Sprechen von Gedichten und Versen oder durch Sprachspiele aller Art ausgebildet.

Merkfähigkeit

■ Wer einen Satz liest, muss sich den Anfang so lange merken, bis er am Schluss angelangt ist, um den Sinn des Ganzen zu verstehen. Es gibt Kinder, die einen Satz immer wieder von vorne lesen und sich zum Schluss nur an die letzten beiden Wörter erinnern können. Dass diese Kinder schwerlich zu guten, flüssigen und begeisterten Lesern werden, liegt auf der Hand. Wie sehr die sprachliche Merkfähigkeit der Schulanfänger in den letzten zwanzig Jahren nachgelassen hat, wird mir immer dann besonders deutlich, wenn ich alte Aufzeichnungen durchlese. Heute können nur wenige Kinder einen Satz mit mehr als fünf Wörtern auf Anhieb im Gedächtnis behalten und nachsprechen, zum Beispiel: Ich gehe am Morgen in den Wald. Das hätten vor zwanzig Jahren nur die schwächsten Schüler nicht gekonnt. Heute sind dazu nur die besten in der Lage. Die Merkfähigkeit spielt in der Schule auch beim Erledigen von Arbeitsaufträgen eine wichtige Rolle. Das Kind muss eine dreigliedrige Anweisung ja nicht nur verstehen, sondern auch speichern, damit es sie befolgen kann.

Zu Hause kann Ihr Kind seine Merkfähigkeit beim Aufsagen von Versen und

Mit einfachen Versen und Gedichten schulen Sie die Merkfähigkeit Ihres Kindes.

Gedichten oder durch Spiele wie »Ich packe meinen Koffer« trainieren. Das »schöne« und dramatische Rezitieren fördert außerdem das deutliche Sprechen. Wenn Sie Ihr Kind im Spiel dazu anregen, Sätze nachzusprechen, können Sie erkennen, wie gut seine Merkfähigkeit entwickelt ist. Sätze mit fünf Wörtern sollte eine Schulanfänger mindestens beherrschen. Kinder, die sich Zehn-Wort-Sätze merken können, gehören in diesem Alter zur Leistungsspitze.

Die Fähigkeit, sich sprachlich auszudrücken

■ Nichts ist für Erfolg so gut wie Erfolg. Wer eine Aufgabe einmal gut bewältigt hat, wird auch das nächste Mal mit höherer Wahrscheinlichkeit erfolgreich sein. Kinder, die sich sprachlich artikulieren können, sind in der Lage, etwas zum Unterricht beizutragen. Sie können ihre Gedanken in Worte kleiden und erleben, dass sie mit ihrem Wissen Erfolg haben. Da Fehler wertvolle Schritte eines Lernprozesses sind, wird in der Schule auch ein falscher Gesprächsbeitrag gewürdigt. So kann ein Kind, das sich aktiv am Unterricht beteiligt, gar keinen Misserfolg erleben. Bereits die Tatsache, dass es überhaupt einen Beitrag geleistet hat, ist ein Erfolg. Haben Kinder jedoch große Schwierigkeiten, sich sprachlich zu äußern, bleiben diese Erfolgserlebnisse aus. Wenn ein Kind etwas weiß, dies jedoch nicht in Worte fassen kann, ist es in hohem Maße frustriert.

Die Fähigkeit zum sprachlichen Ausdruck fördern Eltern automatisch dadurch, dass sie ihr Kind ernst nehmen, ihm zuhören, sich für es interessieren und sich mit ihm auseinander setzen. Nur Kinder, die es nicht gewöhnt sind, ihre Bedürfnisse zu artikulieren und ihre Interessen verbal zu vertreten, verstummen auch in der Schule.

Häufige Sprachdefizite von Schulanfängern

■ Immer weniger Erstklässler verfügen über einen einigermaßen differenzierten Wortschatz. Ihnen fehlen zum Teil ganz einfache Begriffe wie Namen für Obst- und Gemüsesorten, treffende Verben und Adjektive oder Bindewörter wie »weil«, »als«, »denn« oder »dass«. Außerdem lässt sich beobachten, dass viele Kinder Schwierigkeiten haben, ganze Sätze zu bilden. »Kann ich den Stift?«, fragen die Kinder und meinen: »Kann ich den Stift haben?« Diese Einschränkungen der Sprachkompetenz machen sich während der gesamten Schulzeit leistungsmindernd bemerkbar. Sie erschweren das Verstehen von Arbeitsanweisungen, Erklärungen und Rechengeschichten. Außerdem bleibt sowohl die mündliche als auch die schriftliche Sprachgestaltung bei Kindern mit sprachlichen Defiziten immer dürftig, wenn nicht gar holprig oder falsch. Deshalb sind alle Eltern gut beraten, sich in den wichtigen Jahren vor der Einschulung die Zeit zu nehmen, mit ihren Kindern zu reden, ihnen zu erzählen und vorzulesen, mit ihnen Verse zu lernen und so auf leichte und spielerische Weise Sprachförderung im besten Sinn zu betreiben. <<<

Einzelne Ziegelsteine ergeben kein Haus und einzelne Wörter keine Sprache: Für beides braucht man einen Bauplan.

Wenn nicht alles glatt geht

Störungen der Sprachentwicklung

■ Die Sprache des Kindes entwickelt sich dann störungsfrei, wenn zwischen ihm und seiner Umgebung eine rege Wechselbeziehung besteht. Um Laute nachahmen, Wörter erlernen und Sätze nachsprechen zu können, muss das Kind hören, was zu ihm gesagt wird, und sehen, wie sein Gegenüber den Mund bewegt. Es benötigt die motorischen Voraussetzungen, um die Laute zu bilden, und muss geistig altersgemäß entwickelt sein. Außerdem braucht es Freude an sozialen Kontakten und das Vertrauen, aus sich herausgehen zu können.

Hört mein Kind gut?

■ Eltern kann nur wärmstens empfohlen werden, das Hörvermögen ihres Kindes ständig zu beobachten. Reagiert es auf Geräusche? Nimmt es auch leises Sprechen wahr? Sollten Sie auch nur die leiseste Befürchtung haben, dass das Hörvermögen Ihres Kindes eingeschränkt ist, suchen Sie umgehend einen Facharzt auf.

Verzögerte Sprachentwicklung

■ Der Prozess der Sprachentwicklung beginnt mit dem Säuglingsalter, kann jedoch auch verzögert einsetzen. Eine solche Verzögerung liegt zum Beispiel dann vor, wenn ein Kind deutlich später als mit zwei Monaten zu lallen beginnt. Wenn Ihr Kind mit zwanzig Monaten noch kein einziges Wort oder im Alter von zwei Jahren keine kurzen Sätze spricht, muss die Ursache abgeklärt werden. Im Alter von zwei Jahren sollte das Kind über einen Wortschatz von mindestens fünfzig Wörtern verfügen. Im dritten Lebensjahr spricht es in der Regel von sich nicht mehr in der dritten Person, sondern gebraucht das »ich«.

Ein Kindergartenkind sollte Sätze wie »Ich möchte heute Milchreis essen« richtig bilden können und auch schon einfache Nebensätze formulieren. Vor dem Schulbeginn sollte das Kind grammatikalisch richtig sprechen, die Vergangenheit beherrschen und Erlebnisse zusammenhängend erzählen können. Haben Eltern den Eindruck, dass ihr Kind deutlich hinter der altersgemäßen Entwicklung zurückbleibt, sollten sie unbedingt einen Logopäden, einen HNO-Arzt oder eine Frühförderstelle konsultieren. Hinter der Entwicklungsverzögerung steckt oft eine Wahrnehmungsstörung, die heute mit verschiedenen Therapien (Logopädie, Ergotherapie, Psychomotorik) und speziellen Förderangeboten erfolgreich behandelt werden kann.

Kinder mit Sprachschwierigkeiten brauchen viel Unterstützung – sonst nagt der Misserfolg am Selbstbewusstsein.

Die Necke hat Nupfen – ab wann muss mein Kind korrekt sprechen?

■ Ein Kind kann alle Laute bilden, wenn die Koordination von Lippen, Zunge und Kehlkopf ausgereift ist. Das ist ungefähr im Alter von vier Jahren der Fall. Zischlaute und schwierige Buchstabenverbindungen beherrschen Kinder oft erst später. Wenn Kinder mit sechs Jahren noch lispeln oder kein »r« sagen können, ist ein Besuch beim Logopäden angezeigt. Auch wenn ein Kind im Alter zwischen vier und sechs Jahren bestimmte Laute konsequent auslässt (»Necke« statt »Schnecke«) oder ersetzt (»t« statt »k«), sollte ein Logopäde aufgesucht werden. Unter seiner Anleitung lassen sich die Probleme in der Regel mit gezielten Übungen recht schnell beheben.

Holterdipolter – ist das noch normal?

■ Zwischen dem dritten und dem sechsten Lebensjahr verfügt das Kind schon über einen großen Fundus an Sprachmustern und Wörtern. Es will erzählen, ist dabei aber mit den Gedanken oft schneller als mit den Worten und verhaspelt sich, wiederholt Silben, Wörter oder Satzteile. Dieses entwicklungsbedingte Stottern ist normal und kein Grund zur Beunruhigung. Wichtig ist, dass Sie Ihr Kind nicht korrigieren oder gar schimpfen. Helfen Sie ihm, Ordnung in seine Gedanken zu bringen, ohne es zu kritisieren. Wiederholen Sie kurz, was Sie verstanden haben, oder fragen Sie nach, machen Sie aber immer deut-

lich, dass Ihr Interesse dem Erzählten gilt. So verhindern Sie, dass Ihr Kind die Freude am Sprechen verliert oder eine Sprechangst aufbaut.

Eltern, die wichtigsten Gesprächspartner

■ Es ist eigentlich sehr leicht, Ihr Kind sprachlich zu fördern und ihm zu helfen, seine Muttersprache wirklich zu beherrschen. Sie müssen nur interessiert an seiner Entwicklung teilnehmen und Freude am Gespräch mit ihm haben. Dann machen Sie alles richtig. Aber oft ist es gerade der entspannte und ungezwungene Umgang mit Kindern, der in unserer gehetzten, schnelllebigen Zeit zu kurz kommt. Was Kinder für ihre Entfaltung aber vor allem brauchen ist Zeit: Zeit zum Spielen, Zeit zum Träumen, Zeit zum Erzählen. Wenn Sie sich darauf besinnen und mit Ihrem Kind einfach nur zusammen sind, geben Sie ihm das Wertvollste, was Sie ihm geben können. Denn genau dann werden sich die Gespräche ergeben, die das Kapital für die Zukunft Ihres Kindes sind. ⋘

Das Beste, was Eltern ihrem Kind geben können: Zeit zum Zuhören, Reden und Erzählen.

Service

Zum Weiterlesen

■ **Rita Steininger:**

Wie Kinder richtig sprechen lernen. Sprachförderung – ein Wegweiser für Eltern
Klett-Cotta Verlag
Stuttgart 2004

Was können Eltern tun, wenn sie glauben, dass mit der Sprachentwicklung ihres Kindes etwas nicht stimmt? Dieses Buch gibt einen guten Überblick über ausgewählte Fördermöglichkeiten: von der Logopädie und Ergotherapie bis hin zur individuellen Förderung in Kindergarten und Schule.

■ **Gisela Walter:**

Erzähl' doch mal!
Sprachförderung
Ernst Klett Verlag
Stuttgart 2005

Ein Band der Reihe »Eltern fördern ihre Kinder«, die die neuesten pädagogischen Erkenntnisse in leicht lesbarer Form für Eltern aufbereitet und mit einer Fülle praktischer Tipps anreichert. Hier geht es um die Sprachentwicklung des Kindes, das Zusammenwirken von Sprache und Sinneswahrnehmung. Das Buch beinhaltet viele Vorschläge zur Sprachförderung für jeden Tag. Für Eltern mit Kindern im Alter von vier bis sieben Jahren.

■ **Mehr Zeit für Kinder e.V., Deutscher Bundesverband für Logopädie (dbl), Bundesverband der Kinder- und Jugendärzte (BVKJ) und BARMER Ersatzkasse (Hrsg.):**

Sprich mit mir.
Mehr Zeit für Kinder

Viele Eltern fühlen sich überfordert und wissen nicht, wie sie das Sprachvermögen ihrer Kinder im Alltag besser fördern können. Hilfestellung will dieses Buch geben, das der Verein »Mehr Zeit für Kinder« gemeinsam mit dem Deutschen Bundesverband für Logopädie (dbl), dem Bundesverband der Kinder- und Jugendärzte (BVKJ) und

der BARMER Ersatzkasse in dieser völlig überarbeiteten Auflage herausgegeben hat. Dieser Ratgeber umfasst eine Vielzahl an Informationen zur Sprachentwicklung von Kindern, Literaturtipps und anderes mehr, außerdem Sprachspiele für Kinder jeden Alters und für viele Situationen. Das Buch ebenso wie die dazugehörige CD »Sing mit mir! Sprich mit mir!« sind auf der Internetseite www.mehrzeitfuerkinder.de zu bestellen.

■ **Renate Ferrari:**

mobile aktiv. Reimen, Rätseln, Erzählen. Ideen zur Sprachförderung
Verlag Herder
Freiburg 2006

Die Reihe mobile aktiv bietet ausgewählte Förderideen, die leicht und sofort umsetzbar sind und sowohl Eltern als auch Kindern jede Menge Spaß bringen. Das Heft zur Sprachförderung enthält vielfältige Tipps und Spielideen, mit denen Kinder ihren Sprachschatz erweitern und wichtige Grundsteine für die Sprachentwicklung legen.

■ **Cornelia Nitsch:**

Lirum, larum Fingerspiel
Verlag Bassermann
München 2006

Fingerspiele zum Trösten, zur Unterhaltung, zu Spiel und Spaß. Eine Zusammenstellung der schönsten klassischen und neuen Kinderreime für Babys und Kleinkinder.

■ **Marga Arndt / Waltraut Singer:**

Das ist der Daumen Knudeldick.
Über 500 Fingerspiele und Rätsel
Ravensburger Buchverlag
Ravensburg 2005

Alte und neue Fingerspiele für Kinder zwischen eins und sechs Jahren und dazu fast 200 bekannte und unbekannte Rätsel, die man mit Kindern ab vier Jahren lösen kann.

■ **Erika Schirmer:**

Sprachspiele für Kinder.
Über 300 lustige Verse und Geschichten
Ravensburger Buchverlag
Ravensburg 2006

Über 300 lustige Verse und Geschichten sind hier versammelt: Unsinnspoesie und Abzählverse, Malspiele und Zahlenspielereien, Märchen- und Silbenrätsel, Buchstabierscherze und Geheimsprachen, spannende Denkspiele, Lieder und Rätselgeschichten, die Fantasie und Grips von Kindern wie Erwachsenen fördern und fordern. Für Kinder zwischen drei und neun Jahren.

■ **Andrea Erkert:**

Sprach-Förder-Spiele
Christophorus im Verlag Herder
Freiburg 2005

Das Buch bietet eine Sammlung verschiedener Förderspiele rund um den Bereich Sprachentwicklung, sowohl für den Kindergarten als auch für zu Hause. Dazu zählen kreative Sprachspiele, Atem- und Entspannungsspiele, Spiele für alle Sinne, Bewegungs- und Fingerspiele sowie Spiele für die Förderung der akustischen Aufmerksamkeit.

■ **Janosch:**

Das große Buch der Kinderreime. Die schönsten Kinderreime aus alter und uralter Zeit aufgesammelt sowie etliche ganz neu dazuerfunden und bunt illustriert
Beltz Verlag
Weinheim 2004

Dieses Buch eignet sich zum Lesen, Vorlesen und Spielen. Es enthält circa 250 Kinderreime, Abzählverse, Scherzgedichte, Zungenbrecher, Lügenmärchen und Schüttelreime, von Janosch gesammelt und auch von ihm erfunden.

Service

Zum Weiterlesen

Von Josef Guggenmos, dem unvergleichlichen Meister des Kindergedichts, gibt es einige Gedichtbände, die in jede Familienbibliothek gehören:

■ Josef Guggenmos:
Was denkt die Maus am Donnerstag? 121 Gedichte für Kinder
dtv junior
München 2001

■ Josef Guggenmos:
Sonne, Mond und Luftballon. Gedichte für Kinder
Verlag Beltz und Gelberg
Weinheim 2004

■ Max Kruse / Katja Wehner:
Die schönsten Kindergedichte
Aufbau-Verlag
Berlin 2004

Max Kruse, Autor von »Urmel aus dem Eis« und zahlreichen anderen Büchern, hat hier seine liebsten Kindergedichte von Claudius über Goethe bis zu Härtling und Maar ausgewählt. Renommierte Autoren sind neben zahlreichen Neuentdeckungen vertreten. Wunderschön illustriert von Katja Wehner.

■ Annette Langen:
Die Nadel sagt zum Luftballon. Gedichte, die Kindern und Eltern Spaß machen
Verlag Herder
Freiburg 2004

Gedichte, Wortspiele, Klamauk: die schönsten Kindergedichte von heute und gestern im günstigen Taschenbuchformat. Ausgewählt von Annette Langen, Autorin der »Felix«-Bücher.

■ Alfred Baur:
bli bla blu. Verse und Lieder
Verlag J. Ch. Mellinger
Stuttgart 1993

Dieser Gedichtband eines Logopäden versammelt Gedichte zum »schönen« und deutlichen Sprechen. Das Buch ist nach sprachmotorischen Schwierigkeiten gegliedert und bietet zum Beispiel spezielle Gedichte für das Sprechen der Lautverbindungen »bl«, »tr« oder für die Zischlaute »s« und »ss«.

Märchen

■ Brigitta Schieder:
Erzähl mir doch ein Märchen. Eine methodische Märchensammlung für Kinder ab 4
Don Bosco Medien GmbH
München 2004

In diesem Band hat die Märchenerzählerin über 60 Volksmärchen zusammengetragen, die gut für jüngere Kinder geeignet sind. Sie sind nach Themenkreisen geordnet, die im Leben jedes Kindes von Bedeutung sind. In einer kurzen Einleitung geht die Autorin jeweils auf den pädagogischen Wert der Erzählungen ein.

■ Brigitta Schieder:
Mit Märchen durchs Jahr
Don Bosco Medien GmbH
München 2003

Woher kommt der Schnee im Januar? Richtig, Frau Holle schüttelt die Betten aus! Diese Märchenauswahl ist abgestimmt auf den Wechsel der Jahreszeiten. Rund um die Märchen gibt es viele Anregungen wie Gedichte, Tänze, Lieder und Stilleübungen.

Informations- und Beratungsmöglichkeiten

■ Deutscher Bundesverband für Logopädie e.V.
Augustinstraße 11a
50226 Frechen
Tel.: 02234/37953-0
Fax: 02234/37953-13
E-Mail: info@dbl-ev.de
www.dbl-ev.de

Hier finden Sie Informationen über logopädische Hilfen für Ihr Kind. Außerdem können Sie auf der Webseite eine logopädische Praxis in Ihrer Nähe suchen.

■ Deutsche Gesellschaft für Sprachheilpädagogik e.V.
Goldammerstraße 34
12351 Berlin
Tel.: 030/6616004
Fax: 030/6616024
E-Mail: info@dgs-ev.de
www.dgs-ev.de

■ Aktionskreis Psychomotorik e.V.
Kleiner Schratweg 32
32657 Lemgo
Tel.: 05261/970970
Fax: 05261/970972
E-Mail: akp@psychomotorik.com
www.psychomotorik.com

Service

Spiele, Tipps und Anregungen

Märchen erzählen

Wer Märchen erzählt, fördert die Sprachkompetenz, seelische Stabilität und Vorstellungskraft seines Kindes. Wer sich bisher mit dem Märchenerzählen nicht so recht anfreunden konnte, kann durch professionelle Märchenerzähler wertvolle Impulse erhalten. Eine solche professionelle Märchenerzählerin ist Brigitta Schieder (siehe Literaturtipps), der es gelingt, Kinder nur mit ihrer Stimme, dem goldenen Reifen als Tor ins Märchenland und einer Klangschale in ihren Bann zu schlagen. Sie bietet auch Seminare an, in denen Eltern und ErzieherInnen in die Kunst des Märchenerzählens eingeführt werden (Informationen im Internet).

Kofferpacken mit Bildkarten

Bei diesem Spiel erweitern Kinder ihren Wortschatz und lernen, sich eine Reihe von Wörtern zu merken. Das Spiel ist eine Variante des bekannten »Ich packe meinen Koffer« und wird mit Bildkärtchen (z.B. Memory-Karten) gespielt. Es eignet sich für 2-4 Spieler, bei mehr Spielern verlieren Kinder den Überblick. Zu Beginn werden alle Karten mit dem Bild nach unten auf den Tisch gelegt. Ein Spieler fängt an, deckt eine Karte auf und spricht den wiederkehrenden Satz »Ich packe meinen Koffer und nehme mit....«. Dann nennt er den Gegenstand, der auf der Karte abgebildet ist, zum Beispiel einen Apfel und legt die Karte mit dem Bild nach unten ab. Der nächste Spieler deckt eine Karte auf und ergänzt die Packliste um diesen Gegenstand, zum Beispiel: »Ich packe meinen Koffer und nehme mit... einen Apfel und einen Ball.« Anschließend legt er die Karte neben der ersten Karte ab. Dann ist der dritte Spieler dran: Er deckt wieder eine Karte auf und ergänzt die Aufzählung um diesen Begriff, zum Beispiel: »Ich packe meinen Koffer und nehme mit ... einen Apfel, einen Ball und ein Radio.« So geht es weiter: Jeder Spieler wiederholt alle bereits eingepackten Gegenstände und fügt einen neuen hinzu. Die Bildkarten zu den Begriffen werden in einer Reihe nebeneinander abgelegt, so dass vergessene Begriffe auf den Karten nachgeguckt werden können.

Das exakte Sprechen des Rahmensatzes und die nachfolgende Aufzählung der Gegenstände verlangen und fördern Sprachkompetenz und Merkfähigkeit.

Die Sprechmaschine

Kinder lieben es, selbst Reime zu fabrizieren. Eine einfache Möglichkeit dazu ist die »Sprechmaschine«. Bei diesem Spiel überlegt sich ein Spieler einen Reim, zum Beispiel »Rose« reimt sich auf »Dose«. Dann fordert er den anderen Spieler auf, das erste Reimwort zu sagen und schließt dann seinen Reim an, zum Beispiel:
Sag mal »Dose«!
»Dose« – »Da draußen blüht 'ne Rose!« oder:
Sag mal »Baum«!
»Baum« – »Ich hatte einen Traum!« oder:
Sag mal »Hund«!
»Hund« – »Der Ball ist kugelrund!«
Ihr Kind wird das Prinzip schnell begreifen und dann selbst Sprechmaschinen-Bausteine erfinden. Das Sprechmaschinen-Spiel macht geradezu süchtig, weil Kinder, wenn sie erst einmal Gefallen daran gefunden haben, ständig auf der Suche nach passenden Bausteinen für den Anfang einer Sprechmaschine sind.

Das Safari-Entdeckungsspiel

Die Kinder stellen sich vor, dass sie gemeinsam eine Safari unternehmen. Dazu liegen auf einem Tisch zehn bis zwölf Kärtchen, auf denen jeweils ein Tier abgebildet ist. Danach wird ein Kind bestimmt, welches eines der Tiere pantomimisch vorstellen darf. Glauben die anderen Kinder, das Tier zu erkennen, dann müssen sie sich blitzschnell das nach ihrer Meinung dazugehörige Tierkärtchen schnappen. Hält ein Kind das Tierkärtchen in den Händen, dann darf es den Namen des Tieres nennen und seine Auswahl begründen. Wird die Aussage des Kindes vom »Darsteller« bestätigt, dann tauschen die beiden Kinder ihre Plätze, sodass das Spiel erneut beginnt.

Aus: Andrea Erkert: Sprach-Förder-Spiele, Christophorus im Verlag Herder, Freiburg 2003, S. 32.

Geschichtenwerkstatt

Wählen Sie aus einem Memoryspiel oder einer Sammlung von Ansichtskarten etwa zehn verschiedene Motive aus. Ihr Kind sucht aus dieser Auswahl eine Karte aus, die die Hauptrolle in der Geschichte spielen soll. Die anderen Karten werden offen darum herum gelegt, und Sie »spinnen« gemeinsam eine Geschichte, wobei die übrigen Karten auch Anregungen bieten können.

Eine andere Möglichkeit besteht darin, in einer »Geschichtenkiste« schöne Bilder aus Zeitschriften oder Katalogen und interessante kleine Gegenstände zu sammeln. Auch von diesen Dingen ausgehend lassen sich Geschichten erzählen.

Wenn Sie zudem die erfundene Geschichte in einem Heft oder auf losen Blättern aufschreiben und Ihr Kind diese illustriert, können Sie die selbst geschaffenen Erzählungen immer wieder vorlesen, und Ihr Kind wird später eine schöne Erinnerung an seine Kindheit haben.

Aus: Renate Ferrari: mobile aktiv. Reimen, Rätseln, Erzählen. Ideen zur Sprachförderung, Verlag Herder, Freiburg 2006, S. 11.

Spaß mit Zahlen – das mathematische Denken fördern

■ Muster, Mengen, Formen, Zahlen – wir leben in einer Welt voller Mathematik. Gemeinsam mit Ihrem Kind können Sie diese Welt entdecken. Mathematik fängt nicht erst in der Schule an, vielmehr werden die Grundlagen für das Rechnenlernen schon im Vorschulalter aufgebaut. Im folgenden Kapitel erfahren Sie, welche Fähigkeiten Ihr Kind für den Mathematikunterricht benötigt und wie Sie es beim Erwerb dieser Fähigkeiten unterstützen können. Außerdem erhalten Sie Anregungen und Tipps, wie Sie Ihrem Kind im Alltag viele mathematische Erfahrungen ermöglichen und es spielerisch mit Mengen und Zahlen vertraut machen können. So vorbereitet besitzt es gute Voraussetzungen, um beim Rechnen in der Schule Spaß zu haben und erfolgreich zu sein.

Auf die Grundlagen kommt es an

Himmlisch, irdisch, feurig, spritzig: Die Elemente als Basis für das Lernen

Kinder brauchen keine Lernprogramme, sondern Eltern, die sich für sie interessieren.

■ »Kinder brauchen Wasser und Erde«, sagte mein Onkel Peter, den wir als Kinder alle mochten, weil er ernsthaft mit uns redete und uns als echte Gesprächspartner behandelte. Außerdem war er immer lustig und wusste viele interessante Dinge zu erzählen. Ob er wohl damals in den 50er Jahren schon ahnte, wie sehr späteren Kindergenerationen gerade das Einfache fehlen würde? Kinder brauchen Wasser und Erde und – so möchte ich hinzufügen – Eltern, die sich für ihr Kind interessieren.

Das Wichtigste, was Sie Ihrem Kind in den ersten sechs Lebensjahren mitgeben können, ist ganz unspektakulär und einfach, es kostet nichts und ist für jeden zu haben. Es geht hierbei um die Möglichkeit, dem Kind Entwicklungschancen für grundlegende Fähigkeiten zu verschaffen: Nicht konkretes Wissen ist für den späteren Lernerfolg entscheidend, sondern das Vorhandensein bestimmter Bausteine, die ein solides Fundament für schulisches Lernen bilden.

Es geht auch ohne Vorschulprogramme

■ Das gilt auch und gerade für das Schulfach Mathematik. Vielleicht haben auch Sie dieses in schlechter Erinnerung und wünschen sich deshalb, dass Ihrem Kind das Rechnen einmal leichter fallen möge. Mathematik kann ein emotional positiv besetztes, ausgesprochen lustvoll erlebtes Unterrichtsfach sein, wenn es von Anfang an richtig »eingefädelt« wird. Voraussetzung dafür ist ein guter Mathematikunterricht in der Schule. Die Grundlagen des mathematischen Denkens werden jedoch schon im Vorschulalter gelegt. Um sie bewusst zu fördern, ist es wichtig, dass Eltern zum richtigen Zeitpunkt das Richtige mit ihren Kindern machen. Doch was ist das Richtige?

Möglicherweise werden Sie sich jetzt denken: »Das ist doch ganz einfach. Wenn mein Kind alt genug ist, werde ich ihm Vorschulhefte mit leichten Rechenübungen kaufen. Die machen ihm sicher Spaß. Vielleicht schaffe ich auch eine Lernsoftware an. Da gibt es jetzt ja schon ganz tolle Sachen! Und dabei lernt mein Kind außerdem noch, mit dem PC umzugehen, das braucht es ohnehin für später.«

Offene Entwicklungsfenster nutzen

■ Als Eltern wollen Sie Ihrem Kind keine Erfolgschancen verbauen. Das ist verständlich, führt jedoch häufig durch ein »Zuviel« an Reizen und Angeboten genau zum Gegenteil dessen, was erwünscht ist. Die wichtigste Voraussetzung für den Mathematikerfolg Ihres Kindes bildet der Erwerb der basalen Grundlagen, auf denen das mathematische Denken aufbaut. Dazu gehören:

- ein leistungsfähiges Gedächtnis
- die Fähigkeit, sich räumlich zu orientieren
- motorische Geschicklichkeit
- Ohren und Augen, die differenziert wahrnehmen
- die Fähigkeit, sich sprachlich auszudrücken
- ein Gefühl für Rhythmus

Diese Grundlagen scheinen auf den ersten Blick nichts mit Mathematik zu tun zu haben. Sie sind aber wesentlich dafür, dass Kinder sich später, wenn es um »echte« Zahlenräume geht, in diesen zurechtfinden. Es ist kaum zu glauben, aber das gezielte Aufbauen der Grundlagen beginnt unmittelbar nach der Geburt. Das soll nun aber auf keinen Fall so verstanden werden, dass bereits mit

Wenn Kinder Naturmaterialien sammeln und sortieren, machen sie mathematische Erfahrungen

Neugeborenen ein tägliches Lernprogramm absolviert werden muss, vielmehr geht es um ganz »normale« Dinge, die bewusst trainiert werden können.

Die genannten Basisfähigkeiten sind für das mathematische Denken nötig, bilden aber auch die Grundlage für das Lesenlernen und das schulische Lernen allgemein. Sie können nie wieder so leicht erworben werden wie im Vorschulalter, da in dieser Zeit so genannte Entwicklungsfenster offen stehen. Das bedeutet, dass Ihr Kind in dieser Lebensphase eine besondere Bereitschaft hat, diese Grundlagen zu erwerben.

Mathematisches Denken im Vorschulalter zu fördern, bedeutet also, die Entwicklung dieser basalen Qualitäten zu unterstützen, und nicht das »Lernen« bestimmter Stoffgebiete bereits im Kindergarten. Wenn Eltern wissen, worauf es ankommt, geht das ganz leicht: im alltäglichen Miteinander, ohne besondere Vorbereitung und überall. ‹‹‹

Wirkungsvolles Begabungstraining ergibt sich häufig ganz von selbst und nebenbei.

Erst das Fundament und dann die Türmchen
Die Chancen der ersten sechs Lebensjahre nutzen

Aller Anfang ist leicht: Mathematik beginnt mit hüpfen und singen.

Vor einigen Jahren kamen Markus und Leni in meine erste Klasse; zwei Schulanfänger, wie sie unterschiedlicher gar nicht hätten sein können. Markus war ein lebhafter Junge, der mir mit seinen altklugen Sprüchen bald auffiel. Er kannte sogar schon einige englische Wörter, berichtete von seinen Tennisturnieren, den vielen Reisen, die er mit seinen Eltern unternommen hatte, und von dem Computerkurs, den er besucht hatte.

Kinderbücher kannte Markus nur aus Videofilmen, dementsprechend war sein Sprachschatz nur sehr begrenzt. Wenn er etwas frei formulieren sollte, benutzte er oft Redewendungen wie sie Erwachsene gebrauchen. Er reihte seine Sätze eher zusammenhanglos aneinander und konnte kaum eine Geschichte verständlich erzählen. Wurden Geschichten vorgelesen, so hatte Markus große Mühe, sich darauf zu konzentrieren. Beim Singen hatte er Schwierigkeiten, die richtigen Töne zu treffen und den Rhythmus zu klatschen. Beim Balancieren verlor er schnell das Gleichgewicht und auch das Hüpfen bereitete ihm Probleme.

Weniger ist mehr

Leni war eine ruhige Schülerin. Aufmerksam und interessiert verfolgte sie alles, was ihr im Unterricht geboten wurde. Sie war zwar noch nicht viel in der Welt herumgereist, dafür kannte sie sich aber umso besser in ihrer Umwelt aus. Sie konnte nicht nur viele Pflanzen und heimische Tiere mit Namen benennen, sondern auch Geschichten und Begebenheiten gut verständlich erzählen. Beim Vorlesen hing sie buchstäblich an meinen Lippen und konnte gar nicht genug davon bekommen.

Leni sang tonrein und absolut sicher, spielte Flöte und konnte Rhythmen richtig nachklatschen. Sie merkte sich auch sehr leicht Reime und Gedichte und trug diese schön betont vor. Beim Balancieren zeigte sie einen gut entwickelten Gleichgewichtssinn und so konnte sie mühelos auf einem Bein eine gerade Linie entlanghüpfen.

In ihrer Freizeit waren weder Computer noch Fernsehen besonders wichtig. An den Wochenenden wurde mit der Familie oft in den Bergen gewandert. Bei schlechtem Wetter oder im Winter blieb man zu Hause und die Kinder spielten mit ihren Freunden. Zur Familie gehörten auch zwei Katzen, ein Hund und sogar einige Hühner. Leni konnte ihre Schulsachen in Ordnung halten, legte immer nur das gerade Benötigte auf die

Bank und räumte alles Unnötige ordentlich weg.

Ohne Fundament kein Gebäude

▪ Obwohl Markus' Eltern ihrem Sohn mit Computerkurs, Tennisstunden, Videofilmen und weiten Reisen eine Menge geboten hatten, war Markus schlechter auf das Lernen in der Schule vorbereitet als Leni. Ihre schulischen Leistungen übertrafen die von Markus bei weitem.

Leni brachte Fähigkeiten für das Lernen mit, die in den ersten sechs Lebensjahren ohne spezielle Kursangebote oder besondere Unternehmungen erworben werden können. Sozusagen ganz nebenbei, spielerisch und kindgemäß.

So hatten Lenis Eltern ihr Kind stets dabei unterstützt, Fähigkeiten zu entwickeln, die ihr eine breite Basis boten, auf der sie Schritt für Schritt aufbauen konnte. So wie ein Maurer, der für sein Haus erst ein stabiles Fundament schafft, um dann die Türmchen und Balkone anzubringen. Markus bekam eine Reihe von solchen Türmchen verpasst, ohne dass er dafür den Unterbau besessen hätte: Er lernte Englisch, obwohl seine muttersprachlichen Fähigkeiten nicht sehr gut waren. Er lernte Tennis spielen, obwohl er motorisch nicht die seinem Alter entsprechende Reife besaß.

Der richtige Zeitpunkt

▪ Als ich mit Markus' Eltern darüber sprach, was ihrem Sohn für das schulische Lernen fehlte, waren sie sehr betroffen. Ich tröstete sie, denn sie hatten ja ihr Bestes getan. Es war nicht ihre Schuld, dass sie nicht wussten, was ihr Kind wirklich brauchte. Weil sie aber bereit waren, alles ihnen Mögliche für Markus zu tun, und weil er ein aufgeweckter Junge war, gelang es, ihm die fehlenden Grundlagen zu vermitteln. Das brauchte allerdings mehr Zeit, als zum richtigen Zeitpunkt dafür nötig gewesen wäre. ⋘

Das A und O für die kindliche Lernentwicklung: Lust und Freude an der Bewegung

Rechnen lernen ohne Basis ist wie ein Haus bauen ohne Fundament.

33

Auf dem Weg zum Zahlenraum

Kinder lernen mit ihrem Körper

Bewegung macht Ihr Kind klug.

■ Rechnen ist ein räumlicher Prozess. Wir sprechen nicht umsonst von Zahlenräumen. Raumorientierung brauchen wir auch, um im Kopf Zahlen zu zerlegen, wenn zum Beispiel auf einen Zehner aufgefüllt wird. Bei der Rechnung 8+7 muss das Kind die Zahl Sieben in zwei und fünf zerlegen, die Zwei sofort auf die Acht stapeln, das Ganze gedanklich zu einem Zehner umformen und auf diesen Zehner dann noch die restlichen fünf, die wir während des Auffüllvorganges zur Seite gelegt hatten, drauflegen.

Dieses Hin- und Herräumen im Kopf, in einem vorgestellten »inneren« Raum also, kann nur gelingen, wenn wir vorher gelernt haben, uns in äußeren Räumen zurechtzufinden. Das wiederum bedarf einiger Orientierungshilfen. Wo ist auf der Erde vorne und hinten, rechts und links? Wenn Kinder lernen, sich im äußeren Raum zurechtzufinden, dient ihnen der eigene Körper als Bezugssystem. Von ihm aus werden Richtungen festgelegt. Deshalb ist die Orientierung am eigenen Körper diejenige Fähigkeit, die vor der äußeren Raumorientierung

vorhanden sein muss. »Körperschema« heißt das in der Fachsprache. Kinder, die ein genaues inneres Bild von ihrem Körper haben, die Körperteile benennen und einordnen können, besitzen eine wichtige Voraussetzung für erfolgreiches Lernen und ganz besonders für das Rechnen.

Hin und her, auf und nieder

■ Ein gutes Körperschema entwickeln Kinder, die viele rhythmische Erfahrungen gemacht haben. Diese können Sie als Eltern auf vielfältige Weise herbeiführen. So wie das Wiegen das Gleichgewichtssystem des Säuglings stimuliert, regen Kniereiterverse wie das klassische »Hoppe, hoppe Reiter« das Rhythmusgefühl Ihres Vorschulkindes an. Krabbelverse und Kinderreime bieten eine weitere Möglichkeit, das Gefühl für Rhythmus zu fördern und machen allen Kindern bis zum Schulalter Spaß.

Kleine Kinder haben außerdem Freude daran, ihren Gleichgewichtssinn zu trainieren und herauszufordern. Sie können viel ausdauernder als Erwachsene schaukeln oder sich drehen. Besonders lieben sie es, sich oben an einem Abhang auf die Erde zu legen und sich dann herabrollen zu lassen. Sie können Ihrem Kind zusätzliche Übungsmöglichkeiten verschaffen, wenn Sie es zum Balancieren und zum Hüpfen auf einem Bein ermutigen.

Im Vorschulalter können Sie ihm auch eines der klassischen Hüpfspiele zeigen, bei denen es den Gleichgewichtssinn und seine motorischen Fähigkeiten trainiert.

Handeln kommt vor dem Rechnen

■ Kinder, die wirklich wissen, was sie bei der Rechnung 4+3 tun, haben dieses Wissen dadurch erworben, dass sie oft mathematische Handlungen mit diesem Inhalt vollzogen haben. Kinder, die »rechnen«, ohne den Bezug zu einer bestimmten Handlung herstellen zu können, machen das, was sich später, wenn es um größere Zahlenräume geht, als verhängnisvoll herausstellt: Sie zählen nur mechanisch ab, ohne eine Vorstellung davon zu haben, was das wirklich bedeutet.

Richtiges mathematisches Handeln zu der Rechnung 4+3 kann so aussehen: Vier weiße und drei schwarze Holzkühe kommen auf ein grünes Tuch – eine Wiese. Nun stehen da sieben Kühe. Diese Handlung erfordert ein gewisses motorisches Geschick. Wer ständig alle Kühe durcheinander wirft, kann nur schwer ein geordnetes Bild legen und sich dieses Bild dann auch merken. Nur wer mathematisches Handeln immer wieder spielerisch geübt hat, kann ein Verständnis dafür entwickeln, was es heißt, Zahlen zusammenzuzählen oder voneinander abzuziehen. Schaffen Sie Ihrem Kind im Alltag immer wieder Gelegenheiten dazu. ‹‹‹

Hüpfspiele trainieren motorisches Geschick und den Gleichgewichtssinn

Tipp

Kleben Sie in Abständen immer mal wieder für einige Zeit mit Klebeband eine gerade Linie auf den Boden im Wohnzimmer oder an irgendeine Stelle, die häufig begangen wird. Machen Sie Ihrem Kind vor, wie man auf einem oder zwei Beinen über diese Linie springen kann, wie man auf ihr balancieren oder an ihr entlang auf einem Bein hüpfen kann.

Mauern, Treppen, Bäume – unser Alltag bietet Kindern viele Möglichkeiten, Bewegungserfahrungen zu machen.

Mutters Sprache – Muttersprache

Begabungstraining vom ersten Lebenstag an

■ Zu einem breiten Begabungsfundament gehört auch eine gut entwickelte Sprachfähigkeit. Alles, was Sie buchstäblich von der »Stunde Null« an mit Ihrem Kind sprechen, fördert das spätere Lesen- und Schreibenlernen, das logische Denken und auch das Rechnen.

Wenn Kinder lernen, wie die Dinge heißen, nehmen sie diese gewissermaßen in Besitz. Sie erobern die Welt nach und nach durch das Benennen ihrer Bestandteile. Alles, was ich benennen kann, kann ich in meinem Geist aufbewahren und nach Lust und Laune wieder hervorholen. Ich kann so über Dinge, die mir momentan nicht konkret vor Augen sind, nachdenken. Dieses Nachdenken über etwas, das wir nicht »in echt«, sondern nur in Gedanken vor uns haben, erfolgt auf einer abstrakten Ebene.

Die Fähigkeit, abstrakt zu denken, benötigen wir auch beim Rechnen. Dabei müssen wir mit Symbolen arbeiten, die eine Kurzform von Sprache darstellen. So bedeutet plus, dass zwei Mengen zusammenkommen, minus, dass die eine Menge von der anderen abgezogen wird. Ein Kind, das zählend und nicht »denkend« rechnet, wendet die Symbolsprache der Mathematik mechanisch an, ohne zu verstehen, was es da eigentlich tut. Erst wenn es rechnerische Prozesse wirklich begriffen hat, kann es diese auch als Handlung darstellen und sein Handeln durch Sprache begleiten. Es kann die Addition 4+3 dann nicht nur durch das Abzählen an den Fingern lösen, sondern den mathematischen Gehalt auch darstellen. Es nimmt zum Beispiel vier rote und drei blaue Perlen aus zwei verschiedenen Schüsseln, legt sie erst nebeneinander und wirft sie dann gemeinsam in eine andere Schüssel. Dabei spricht es: »Ich

Sprache braucht man zum Denken.

»Die Grenzen meiner Sprache sind die Grenzen meiner Welt.« (Ludwig Wittgenstein)

nehme zuerst vier rote Perlen, dann brauche ich noch drei blaue. Die kommen alle zusammen in diese Schüssel. Jetzt habe ich sieben Perlen.« Denken, Handeln und Sprechen bilden bei einem Rechenvorgang, der wirklich *be-griffen* wurde, eine Einheit.

Fragen fordern Antworten

■ Das sprachliche Handwerkszeug für abstraktes Denken erwirbt sich Ihr Kind in den ersten Lebensjahren. Sie als Eltern können jede Phase innerhalb der Sprachentwicklung Ihres Kindes bewusst begleiten. Wichtig ist dabei, dass Sie viel selbst mit Ihrem Kind reden. Radio oder Kassettenrekorder bieten keine Sprechanreize. Nur ein leiblicher Gesprächspartner regt ein Kind wirklich an, die Welt der Sprache aktiv zu erobern. Ermuntern Sie Ihr Kind, die Dinge zu benennen, antworten Sie auf seine Fragen und fördern Sie seine Neugierde. Wie soll es sich sonst für die Herausforderung begeistern, die im Lösen von Denkproblemen und Rechenaufgaben steckt?

Märchen und Gedichte als Schlüssel zur kunstvollen Sprache

■ Eine gute Sprachförderung bieten Sie Ihrem Kind außerdem, wenn Sie viel vorlesen oder Geschichten erzählen. Dabei macht Ihr Kind mit unterschiedlichsten Sprachgebilden Bekanntschaft. Einen besonderen sprachlichen Reichtum bieten Märchen. Da heißt es zum Beispiel im »Froschkönig«: »Nun trug es

sich einmal zu, dass die goldene Kugel der Königstochter nicht in ihr Händchen fiel, das sie in die Höhe gehalten hatte, sondern vorbei auf die Erde schlug und geradezu ins Wasser hineinrollte. Die Königstochter folgte ihr mit den Augen nach, aber der Brunnen war tief, so tief, dass man keinen Grund sah.« Bereits anhand dieser beiden Sätze wird deutlich, was Ihrem Kind entgeht, wenn es nicht vorgelesen bekommt. Denn Sprachwendungen wie »es trug sich zu« oder »keinen Grund sehen« wird es nur durch kunstvolle Texte und nicht durch unsere Alltagssprache kennen lernen.

Eine besondere Form der schönen und kunstvollen Sprache stellen Gedichte dar. In Gedichten werden in Kurzform anspruchsvolle Sprachmuster überliefert. Kinder haben daran eine ganz naive und ursprüngliche Freude. »Was sich reimt, ist gut«, sagt Pumuckl und dichtet munter und unverdrossen drauflos. Ermuntern Sie Ihr Kind doch, es dem kleinen Kobold nachzutun.

Eine reiche, differenzierte Sprache eröffnet den Zugang zu einem reichen, differenzierten Denken. Unterstützen Sie Ihr Kind dabei, die Welt der Sprache mit Lust und Freude zu erobern. <<<

Geschichten, Märchen und Gedichte eröffnen Ihrem Kind die Welt der Sprache.

Im Hühnerhof, da war was los!

Ein Huhn erzählte seinen Traum:
»Ich flog auf einen Gummibaum,
fraß hier ein Blatt, ging in den Stall,
und legte einen Gummiball.«

Aus: Renate Ferrari: Wörter haben bunte Flügel, Christophorus Verlag, Freiburg 1998, S. 48.

Rechnen fordert Gedächtnisleistungen
Schritt für Schritt zum richtigen Ergebnis

Auch für unser Denken gilt: Nur wenn im Speicher was drin ist, kann man auch etwas herausholen.

■ Wer über etwas nachdenkt, muss eine Reihe von Fakten in seinem Gedächtnis speichern. Beim Rechnen sieht das zum Beispiel so aus: Will ich die Aufgabe 38+27 im Kopf lösen, so muss ich sie in Teilaufgaben zerlegen. Eine Möglichkeit besteht darin, die Zahlen zuerst in Zehner und Einer zu zerlegen, diese dann getrennt zusammenzuzählen und die beiden Ergebnisse schließlich zu addieren. Das sind vier Denkschritte, die ich mir der Reihe nach merken muss. Noch komplizierter ist das Lösen von Textaufgaben. Dabei muss ich mir merken, was ich bereits ausgerechnet habe, und die ganze Handlungsabfolge im Kopf behalten.

In der Schule ist oft zu beobachten, dass Kinder beim Lösen einer Textaufgabe plötzlich nicht mehr wissen, wo sie gerade sind. Ihr Gedächtnis verfügt offensichtlich nicht über die nötige Kapazität. Grundschullehrerinnen stellen auch fest, dass immer weniger Schulanfänger in der Lage sind, sich einen einfachen Satz auf Anhieb zu merken. Dabei ist es eigentlich ganz einfach, Kindern eine gute Merkfähigkeit mitzugeben. Sie wird durch das Lernen von Liedern und das Aufsagen von Reimen und Gedichten aufgebaut.

Auge und Hand – zwei wichtige Partner

■ Auge und Hand müssen bei vielen Tätigkeiten zusammenarbeiten, die besonders für das Lernen wichtig sind. Erst wenn Kinder sicher mit Mengen hantieren, können sie auch Rechenprozesse wirklich begreifen. Deshalb ist alles, was die feinmotorische Geschicklichkeit und die Zusammenarbeit von Auge und Hand fördert, auch Begabungstraining.

Auf geradezu klassische Weise kann die Auge-Hand-Koordination durch das Ballspiel gefördert werden. Bereits einem dreijährigen Kind können Sie Bälle auf dem Boden zurollen oder Luftballons zuwerfen. Wenn Ihr Kind in die Schule kommt, sollte es einen Ball fangen und zielgerichtet zu einem Partner werfen können. Wichtig ist: Lassen Sie Ihrem Kind Zeit und drängen Sie es nicht. Sie fördern es hinreichend, wenn Sie auf seinem momentanen Niveau immer wieder mit ihm spielen.

Sehr gut für die Auge-Hand-Koordination ist außerdem jegliches Hantieren mit Material im Nahbereich, besonders das Auffädeln von Perlen, Steckspiele und das Bauen mit Klötzen. Das Spielen mit Klötzen erfordert übrigens größeres Geschick als das Bauen mit Steckbausteinen, zum Beispiel Lego, weil Klötze nur lose auf- und aneinander gelegt und nicht fest miteinander verbunden werden können. Kinder sind deshalb gezwungen, genauer und sorgfältiger mit dem Material umzugehen.

Kinder können im Alltag viele sinnliche Erfahrungen machen

noch mit dem Stift auf Papier. Das Auge muss sich auf diese Nähe einstellen können. Ein wirkungsvolles Augentraining bieten Sie Ihrem Kind, wenn Sie es anregen, seine Umgebung bewusst wahrzunehmen. Gegenstände befühlen und betrachten, Entfernungen abschätzen, klettern, über Hindernisse springen – das alles schult die visuelle Wahrnehmung Ihres Kindes.

Genauso wichtig wie das Sehvermögen ist ein gutes Gehör. Kinder, die in der Schule Arbeitsanweisungen und Erklärungen nicht verstehen, verlieren sehr schnell den Anschluss an den Unterricht. Wenn Sie mit Ihrem Kind viel singen, Verse lernen und vorlesen, kann es einen leistungsfähigen auditiven Sinneskanal entwickeln. Ihm wird es auch in der Schule gelingen, das wahrzunehmen und zu verstehen, was über Sprache vermittelt wird. <<<

Hören, sehen, fühlen: Schaffen Sie Ihrem Kind immer wieder Gelegenheiten, Dinge sinnlich zu erfahren.

Rohstoff für das Denken

■ Sinneswahrnehmungen liefern das Material für Denkprozesse. Kinder denken über das nach, was sie gerade sehen oder hören, fühlen, riechen oder schmecken. Sie brauchen also wache und gut funktionierende Sinnessysteme, um »Denkfutter« zu bekommen. Entscheidende Eindrücke bekommt das Gehirn über Augen und Ohren. Wahrnehmungsdefizite in diesen Bereichen wirken sich deshalb negativ auf die Lernentwicklung aus.

In der Schule erfolgen die meisten Arbeiten im Nahbereich nicht mehr mit beweglichem Material, sondern nur

Schulung der visuellen Wahrnehmung

Betrachten Sie mit Ihrem Kind auf einem Spaziergang die Landschaft und zeigen Sie ihm Bäume, Pflanzen und Tiere. Die Augen Ihres Kindes bekommen dabei genau die richtigen Reize: Der Blick zum Horizont erfordert eine andere Linseneinstellung als das genaue Betrachten eines Baumes oder – noch näher – einer Pflanze, eines Blattes, eines schönen Steins oder eines Käfers auf dem Boden. Beim Gehen hat Ihr Kind Zeit, seine Augen auf verschiedene Objekte gezielt einzustellen und diese zu betrachten.

39

Das Rechnen in der Schule
So werden spezifische Grundlagen gefördert

Richtiges Zählen ist mehr als das Aufsagen einer Zahlenreihe.

- Kinder, die ein breites und solides Begabungsfundament haben, bringen eigentlich alles mit, um in der Schule erfolgreich zu sein. Dennoch können Sie Ihr Kind noch ganz gezielt im Hinblick auf schulisches Rechnen fördern. Sie erleichtern ihm damit den Start und beugen auch für den Fall vor, dass Ihr Kind eine Lehrerin bekommt, die eher theoretisch und weniger konkret und handlungsbetont unterrichtet. Die Grundlagen, die für das Rechnen im engeren Sinn von Bedeutung sind und deren Entwicklung Sie fördern können, sind folgende:
  - **Zahlensinn:** Die Vorstellung, was Zahlen überhaupt bedeuten, wie sie angeordnet werden, welche größer und kleiner sind. Das Verständnis dafür, dass Zehner etwas grundsätzlich anderes sind als Einer. Ohne diesen Zahlensinn ist es unmöglich, sich in unserem Dezimalsystem zurechtzufinden.
  - **Umgang mit Mengen:** Welche Zahl passt zu welcher Menge? Wie werden Mengen geschickt angeordnet, umstrukturiert und abgezählt? Auch das Zerlegen einer Zahl in Zehner und Einer oder in zwei beliebige Teilmengen gehört hierher.
  - **Zuordnungen:** Zählen und dabei Material passend legen, einen Gegenstand aus einer Menge einem Gegenstand aus einer anderen Menge zuordnen, zum Beispiel jeder Blumenvase eine rote oder eine blaue Blume.
  - **Dynamische Vorstellung von Mengen:** Die Vorstellung davon, wie Mengen vergrößert oder verkleinert werden und wie viele Teile dann zu einer Menge gehören. Beim Rechnen über Zehner- oder Hundertergrenzen muss eine Menge in der Vorstellung so zerlegt werden, dass ein Teil davon den Zehner oder Hunderter auffüllt.

Oft fehlt ein solider mathematischer Unterbau

- *Ein Interview mit der Grundschullehrerin Petra Kubern über rechenschwache Kinder*

Buchner: In den letzten Jahren ist deutlich geworden, dass viele Kinder an einer so genannten Rechenschwäche leiden. Welche Schwierigkeiten haben diese Kinder?

Kubern: Die Hauptschwierigkeit besteht meiner Erfahrung nach darin, dass rechenschwache Kinder keine Vorstellung davon haben, was unser Dezimalsystem bedeutet. Ohne diese Grundlage ist es aber fast aussichtslos, Kinder in Zahlenräumen, die über zehn hinausgehen, rechnen zu lassen.

Buchner: Was bedeutet das genau?

Kubern: Nehmen wir die Ziffer Drei. Sie bedeutet nur dann auch wirklich drei, wenn sie an der Einerstelle einer Zahl steht, zum Beispiel bei 43 oder 53. Steht sie jedoch an der Zehnerstelle, bedeutet sie 30 und an der Hunderterstelle sogar 300. Kinder, denen das Dezimalsystem nichts sagt, können das nicht unterscheiden und rechnen dann zum Beispiel: 31+5 = 81, weil sie die fünf Einer zu den drei Zehnern dazuzählen.

Buchner: Welche Kinder haben damit keine Probleme?

Kubern: Das sind Kinder, die über einen soliden mathematischen Unterbau verfügen und sich im Dezimalsystem sicher zurechtfinden. Sie haben sichere Mengenbegriffe aufgebaut, weil sie Erfahrungen mit überschaubaren Mengen gemacht haben.

Buchner: Welche Erfahrungen sind das?

Kubern: Sie haben oft einfache Gegenstände gesammelt, geordnet und gezählt. Dadurch haben sie Vorstellungen von Mengen mit drei, vier oder fünf Bestandteilen aufgebaut. Außerdem haben sie die Erkenntnis gewonnen, dass es keine Rolle spielt, wie groß der einzelne Gegenstand ist. Drei bleiben immer drei, egal, ob es sich um Kühe, Kastanien oder Ameisen handelt.

Buchner: Warum ist diese Erkenntnis so wichtig für das Rechnen?

Kubern: Das kann ich an einem Beispiel erläutern: Bereits fünfjährige Kinder sind ohne weiteres in der Lage, drei große und zwei kleine Bauklötze aneinander zu reihen und dann abzuzählen, dass das jetzt fünf Bauklötze sind. Die gleiche Operation kann auch durchgeführt werden mit Gummibärchen, Schneckenhäusern oder Spielzeugautos. Der mathematische Gehalt bleibt immer gleich: 3+2=5. Kinder, die das erkannt haben, haben die entscheidende Abstraktionsstufe erreicht. Dieses Abstraktionsvermögen ist auch für das Verständnis des Dezimalsystems notwendig. Wer oft mit Zehnern gehandelt hat, versteht leichter, was das Wesen dieser Zehnergliederung ist.

Buchner: Wie kann konkretes Handeln mit Zehnern gefördert werden?

Kubern: Das ist sehr einfach. Alle möglichen kleinen Gegenstände können in Zehnergruppen sortiert, vielleicht sogar in Tütchen abgepackt werden. Dabei sollte aber unbedingt die Freude am Umgang mit Zahlen im Vordergrund stehen und nicht die Absicht, Kindern Leistungen anzudressieren. Sonst wird sicher mehr geschadet als genutzt. ≪≪≪

Das Abzählen von Gegenständen fördert Kinder dabei, Vorstellungen von Mengen aufzubauen

Drei bleiben immer drei, egal ob Apfel oder Birne. Wer das verstanden hat, kann weiterrechnen.

Am Anfang steht das Zählen
Drei Blätter, fünf Steine, zehn Kastanien

■ Bereits kleinen Kindern macht es große Freude, Dinge zu zählen. Das Zählen ist die grundlegende Voraussetzung dafür, dass Ihr Kind eine solide Zahlenvorstellung aufbaut.

Es gibt viele Möglichkeiten, Ihr Kind spielerisch zum Zählen anzuregen. Wenn Sie zum Beispiel spazieren gehen, können Sie Blätter, Blumen, Steine und Kastanien sammeln. Die nach Hause gebrachten Schätze können Sie dann gemeinsam mit Ihrem Kind zählen. Ihr Kind kann auch eine »Schatzkarte« zeichnen, in der es über seine Besitztümer Buch führt: für alle gesammelten Steine einen Kringel, für Blumen ein Kreuzchen, für Blätter einen Strich.

Das Zählen von Gegenständen verlangt vom Kind mehr als das bloße Aufsagen einer Zahlenreihe. Wer auswendig von eins bis zehn zählen kann, hat damit noch keine Grundlage für das Rechnen gelegt. Die Zahlenreihe könnte genauso gut ein Satz oder eine Gedichtzeile in einer fremden Sprache sein. Wird jedoch richtig abgezählt, dann kommt zu jeder einzelnen Zahl das Deuten auf einen Gegenstand oder das Legen eines solchen. Das heißt, dass die Bedeutung dieser Zahlen erfasst wird: Zur Zahl Eins gehört der erste Gegenstand, zur Zahl Zwei der zweite.

Ohne Ordnung kein Zahlenverständnis

■ In unserem Zahlensystem herrscht eine strenge Ordnung. Einer werden zu Zehnern zusammengefasst und diese wiederum zu Hundertern. Hier scheitern viele Kinder im Rechenunterricht. Sie haben das Ordnen in Zehnermengen nicht wirklich verstanden. In der ersten und zweiten Klasse können Rechenergebnisse noch durch mechanisches Abzählen an den Fingern ermittelt werden. Spätestens ab der 3. Klasse aber – wenn im Tausenderraum gerechnet wird – sind Überblick und Verständnis gefragt. Das Ordnen von Spielsachen und kleinen Gegenständen in überschaubare Fünfer- und Zehnermengen legt den Grund für den entscheidenden Durchblick. Eine gute Übung ist zum Beispiel das Abzählen von Perlen in Gläser oder kleine Frühstücksbeutel: immer zehn in ein Glas.

Einen Einblick in die Fünfergliederung bekommt Ihr Kind auf spielerische Weise, wenn es verschiedenfarbige Perlen auf eine Schnur fädelt, und zwar

Wer von eins bis zehn zählt, kann noch nicht rechnen. Zum wirklichen Zählen gehört das gedankliche Anfassen.

immer fünf von einer Farbe. Dabei kann Ihr Kind auch seine eigenen Hände zu Hilfe nehmen: eine Hand hat fünf, zwei Hände haben zehn Finger. Ausgehend von dieser Vorstellung kann Ihr Kind genau zeigen, welcher Abschnitt an der Kette immer zehn Perlen hat.

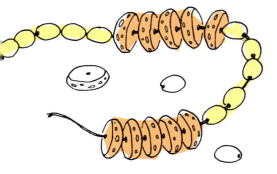

Gerade im letzten Jahr vor der Einschulung wollen sich viele Kinder mit Zahlen beschäftigen. Dann sollten Sie sie auch nicht bremsen. Achten Sie dabei aber darauf, dass Ihr Kind richtige Gegenstände ordnet und zählt, denn nur so wird ein wirkliches mathematisches Verständnis aufgebaut. Das Ausfüllen von Vorschulheften kann Ihr Kind beschäftigen. Wirklich fördern wird es aber nur der Umgang mit echtem Rechenmaterial.

Zahlen kann man »zum Fressen gern« haben

■ Dass eine 1 genau so und nicht anders aussehen muss, liegt nicht auf der Hand. Es ist eine Konvention, auf die sich die Menschen geeinigt haben. Genauso gut könnte sie wie eine 4 aussehen und diese wiederum wie eine 7. Zahlen sind genau wie Buchstaben abstrakte Zeichen, die für sich eigentlich gar nichts bedeuten. Um Kindern den Einstieg in diese abstrakte Welt zu erleichtern, ihnen die Zahlen nahe zu bringen und sie vielleicht sogar dafür zu begeistern, sind die »Zahlenkekse« eine sehr gute Möglichkeit.

Abzählreime: Mit Silben zählen

Abzählreime fördern das aufeinander abgestimmte Sprechen und Zählen. Bei jeder Silbe oder jedem Wort wird mit dem Finger auf einen Spieler oder einen Gegenstand gezeigt. Klassischerweise werden Abzählreime beim Spielen verwendet, zum Beispiel wenn ein Mitspieler bestimmt wird, der mit dem Spiel beginnen darf. Sie können aber auch in vielen alltäglichen Situationen eingesetzt werden, immer dann, wenn aus mehreren Alternativen eine ausgewählt werden muss. Kinder haben an dieser Art des Auswählens große Freude und erwerben so ganz spielerisch und nebenbei eine wichtige Grundfertigkeit.

Eine	kleine	Micky	Maus
ging	ins	Rat-	haus.
hatte	sich ver-	lau-	fen
Wollte	sich was	kau-	fen.
Mi	Ma	Maus	
und	Du	bist	raus!

Ix,	ax,	ux	
du bist der	grüne	Fuchs	
du bist die	blaue	Maus	
und	du	bist	raus!

»Ix, ax, ux« aus: Renate Ferrari: Wörter haben bunte Flügel, Christophorus Verlag, Freiburg 1989, S.49.

Der sechste Geburtstag, sechs Kerzen, sechs Jahre: Kinder werden in eine Welt voller Zahlen hineingeboren. Begeistern Sie Ihr Kind für diese Welt.

Zahlen sind wie Freunde. Jede hat eine andere Eigenart.

Kinder formen und backen Zahlen aus einem einfachen Plätzchenteig und verspeisen sie anschließend. Auf diese Weise nehmen sie die Zahlen sinnlich wahr und können sie sich im wahrsten Sinne des Wortes einverleiben. Die Zahlenkekse können vor dem Verspeisen auch erst einmal geordnet ausgelegt werden: zuerst alle Einsen, dann alle Zweien usw. Spaß macht es auch, die Kekse zu passenden kleinen Mengen zu legen, zum Beispiel die 4 zu vier Bällen,

> **Spieltipp: Kim-Spiel**
>
> Auf einem Tisch liegen fünf (bei älteren Kindern zehn) Gegenstände, zum Beispiel ein Löffel, ein Stift, ein Spitzer, eine Murmel und ein Handschuh. Das Kind betrachtet die Gegenstände in Ruhe und versucht sie sich einzuprägen. Dann wird ein Tuch über die Gegenstände gedeckt und unter dem Tuch ein Gegenstand weggenommen. Das Tuch wird gelüftet und das Kind betrachtet die Gegenstände wieder. Welcher Gegenstand fehlt?

die 5 zu fünf Puppen. Mit älteren Kindern lassen sich aus den Zahlenkeksen sogar Gleichungen legen: 4+6=10. Da die Kekse neben der mathematischen Nützlichkeit auch noch gut schmecken, können sie immer wieder einmal gebacken werden, mit unterschiedlichem »Aufgabenniveau«. In der Vorschulzeit und auch in der ersten Klasse genügt das einfache Ordnen der Zahlen oder Zuordnen zu kleinen Mengen. Später kann Ihr Schulkind mit den Keksen auch »echt« rechnen. <<<

Beim Backen von Zahlenkeksen können Kinder mit Zahlen Freundschaft schließen

> **Rezept für Zahlenkekse:**
>
> 375 Gramm Mehl, 125 Gramm Zucker, 65 Gramm Butter, 2 Eier, 1 Päckchen Vanillezucker, 1/2 Päckchen Backpulver. Alles gut zusammenkneten, Zahlen formen und bei 190 Grad im Ofen goldgelb backen.

Größer und kleiner, mehr und weniger

Der Alltag bietet viele Möglichkeiten, mit Mengen umzugehen

■ Wenn Kinder Gegenstände in die Hand nehmen, auf bestimmte Weise anordnen, legen oder einpacken, gehen sie mit Mengen handelnd um. Nur wer echte Mengen oft *be-handelt* und *be-griffen* hat, kann später abstrakte Rechenoperationen durchführen. Der Alltag mit Kindern bietet viele Möglichkeiten, den Umgang mit Mengen zu üben. Ihr Kind kann Ihnen zum Beispiel beim Kochen helfen. Sie brauchen drei Eier, sechs Kartoffeln, zwei Zitronen oder fünf Äpfel. Diese kann Ihr Kind abzählen und herrichten. Nebenbei können Sie sich mit ihm unterhalten und ihm kleine Denkaufgaben stellen, zum Beispiel: »Wie viele Eier sind denn jetzt noch in der Eierschachtel, wenn Du drei Eier herausgenommen hast?«

Jede Zahl hat ihren Platz

■ Kinder, die beim Zählen nicht wissen, was sie tun, sagen eine Zahlenfolge auf wie einen auswendig gelernten Spruch. In der Schule fällt auf, dass diese Kinder nicht zählen und passend dazu Material legen können. Diesen Kindern hat sich nicht eingeprägt, dass zu jeder Zahl ein Gegenstand gehört. Wenn Sie mit Ihrem Kind immer wieder konkrete Dinge zählen, verinnerlicht es die Zuordnung von Zahl und Gegenstand. Eine Tätigkeit des Alltags, die hierfür ganz besonders fördernd wirkt, ist das Herrichten von Dingen für die Familie. Ihr Kind kann zum Beispiel den Tisch decken: Es braucht so viele Besteckteile, Gläser und Teller wie Personen am Tisch sitzen. Das sind zum Beispiel vier Messer, vier Gabeln, vier Teller, vier Gläser. Wie viele Teile sind das insgesamt? Das sind 16 Teile.

Ohne Handeln gibt es kein echtes Rechnen.

> **Spieltipp: Zahlen würfeln**
>
> Die Spieler sitzen im Kreis. Jeder hat eine Schale mit etwa 30 Rosinen oder Nüssen. Nun wird reihum gewürfelt und jeder legt die entsprechende Menge Rosinen oder Nüsse in die Mitte. Danach wird verglichen: Wer die höchste Punktzahl hat, darf sich die Rosinen oder Nüsse aus der Mitte nehmen – und naschen! Selbstverständlich kann er seinen Gewinn auch teilen! Schwerer wird das Spiel mit zwei Würfeln. Dann muss jeder seine Punkte zusammenzählen ...
>
> *Aus: Renate Ferrari: Schulstart ist ein Kinderspiel, Christophorus Verlag, Freiburg 2004, S. 33.*

Rechnen ist wie Spazierengehen in gedachten Räumen.

Erwarten Sie aber nicht, dass Ihr Kind diese Zahlen bereits alle »weiß«. Erst nach und nach wird es durch häufiges Abzählen die dazugehörigen Mengenbegriffe beherrschen. Ein »klassisches« Übungsfeld für das richtige Zählen und Handeln bilden Würfelspiele aller Art wie zum Beispiel »Mensch ärgere dich nicht«. (Ein etwas anspruchsvolleres und bewährtes Würfelspiel ist das Räuber- und Goldschatzspiel, Anleitung siehe Serviceteil.)

Dynamische Vorstellung von Mengen

■ Die Fähigkeit, Mengen umzugliedern und umzustrukturieren benötigt Ihr Kind, um später über den Zehner, den Hunderter, den Tausender rechnen zu können. Das ist natürlich noch Zukunftsmusik und gehört in die Schule. Die Voraussetzungen dafür werden aber in der Vorschulzeit geschaffen. Immer dann, wenn Ihr Kind etwas abzählt, gruppiert und anordnet, arbeitet es auch an den Grundlagen für das spätere Auffüllen von Mengen und das »echte« Rechnen.

Die Zauberformel für den Erfolg

■ Was wir mit Freude tun, machen wir besser. Das gilt auch für das Erwerben

---

Spieltipp: Zwillinge, Drillinge und mehr

Die Aufgabe besteht darin, im Kinderzimmer oder in der Küche Gegenstände zu suchen, die zweimal, viermal oder gar sechsmal vorhanden sind: zwei Stühle am Tisch, vier Platten auf dem Herd, sechs Löffel in der Schublade …

Aus: Renate Ferrari: Schulstart ist ein Kinderspiel, Christophorus Verlag, Freiburg 2004. S. 38.

Zahlenmemory

Für das Rechnen braucht Ihr Kind Mengenbilder, die es aus der Vorstellung abrufen kann. Mit einem Zahlenmemory fördern Sie höchst wirkungsvoll den Aufbau dieser Bilder. So ein Memory können Sie leicht selbst herstellen. Lassen Sie sich im Schreibwarengeschäft weißen Fotokarton im Format 7 x 10 cm zuschneiden oder besorgen Sie unlinierte Karteikarten in dieser Größe. Sie brauchen insgesamt 20 Karten: zehn Zahlenkarten und zehn Mengenkarten.

Die Zahlenkarten werden mit den Zahlen von eins bis zehn groß und gut leserlich beschriftet. Achten Sie dabei darauf, dass der Stift nicht durchdrückt. Auf die Mengenkarten zeichnen Sie Punktebilder, am besten in der klassischen Würfelanordnung. Die Spielregel ist dieselbe wie beim klassischen Memory. Die verdeckten Karten liegen auf dem Tisch. Wer zwei zueinander passende Mengen- und Zahlenkarten aufdeckt, darf diese behalten.

der Grundlagen, die für das Rechnen in der Schule von Bedeutung sind. Kinder haben eine natürliche Freude daran, mit allen Sinnen ihre Umwelt zu begreifen und sie kennen zu lernen. Bei diesem *Kennen-lernen* lernen sie tatsächlich etwas, zum Beispiel dass sich ein Stein hart anfühlt, dass Wasser abwärts fließt oder dass zehn Kastanien mehr sind als fünf.

Wenn wir Kinder auf Ihren Entdeckungsreisen begleiten, lernen sie noch besser. Denn nichts motiviert ein Kind so sehr zu eigener Anstrengung wie der Stolz und die Begeisterung der Eltern. Wenn Sie mit Interesse an der Entwicklung Ihres Kindes teilnehmen und dies liebevoll und mit Freude tun, fördern Sie seine Begabungen auf bestmögliche Weise. Das neueste Spielzeug, das wirkungsvollste Förderprogramm führen Ihr Kind nicht zum Erfolg, wenn Sie an seiner Beschäftigung keinen Anteil nehmen. Schenken Sie Ihrem Kind intensive Zuwendung und seien Sie ihm ein zuverlässiger Partner, mit dem es gemeinsam die Welt entdecken kann. <<<

Beim Anordnen von Formen erfahren Kinder spielerisch, was Strukturen sind

Spieltipp: Knopfspiel

Jedes Kind hat einen Teller mit 30 Knöpfen, Bohnen, Steinchen oder Ähnlichem, außerdem drei Bierdeckel oder kleinere Pappteller. Ein älteres Kind oder ein Erwachsener nennt dem ersten Kind drei Zahlen zwischen eins und zehn: »Zwei-sechs-acht.« Diese stehen auch auf kleinen Pappkarten, die verdeckt in der richtigen Reihenfolge vor das Kind gelegt werden. Ohne die Zahlen noch mal zu hören, soll das Kind entsprechend viele Knöpfe auf seine Bierdeckel legen: auf den ersten zwei, auf den zweiten sechs, auf den dritten acht. Jetzt darf das Kind die Zahlenkärtchen umdrehen und kontrollieren.

Ordnung in den Dingen schafft Ordnung im Kopf.

Service

Zum Weiterlesen

■ **Christina Buchner:**

Neues Rechnen – neues Denken. Vom Mathefrust zur Mathelust
VAK Verlag
Kirchzarten 2005

Rechnen braucht solide Grundlagen und einen Rechenlehrgang, der sich auf gezieltes Handeln stützt. In diesem umfangreichen Buch wird in einfacher Sprache ein Rechenlehrgang vorgestellt, der den Unterrichtsstoff der ersten beiden Grundschuljahre abdeckt. Da das Buch auch auf die Grundlagen eingeht, welche die Voraussetzung für mathematische Fähigkeiten bilden, ist es nicht nur für Eltern von Schulkindern interessant, sondern auch für Eltern von Kindergartenkindern. Auf den letzten 50 Seiten des Buches werden zahlreiche Möglichkeiten aufgezeigt, wie diese Grundlagen geschaffen werden können. Dieses Buch verändert die Sichtweise auf das schulische Rechnen, schärft den Blick für das Wesentliche und verschafft Eltern die Kompetenz, ihre Kinder gezielt zu fördern.

■ **Hans Magnus Enzensberger:**

Der Zahlenteufel
Carl Hanser Verlag
München/Wien 1997

Ein hinreißendes Buch, das Mathematikmuffel dazu bekehren kann, sich für das Denkabenteuer Mathematik zu begeistern. Denn auch Robert, der Held des Buches, glaubt, Mathematik sei nichts für ihn. Er wird aber vom Zahlenteufel zwölf Nächte lang auf spannende und höchst unterhaltsame Weise mit verschiedenen mathematischen Erkenntnissen bekannt gemacht. Auch dem Leser wird – wie Robert – bei der Lektüre ein Licht nach dem anderen aufgehen.

■ **Kristin Dahl / Sven Nordqvist:**

Zahlen, Spiralen und magische Quadrate. Mathe für jeden
Verlag Oetinger
Hamburg 1996

»Mathe für jeden« ist der Untertitel dieses Buches und es hält, was es verspricht. Hier werden mathematische Grundlagen unterhaltsam und für jeden verständlich dargestellt. Die Illustrationen von Sven Nordqvist machen das Buch zu einem Kunstwerk der besonderen Art. Vieles lässt sich sofort im Alltag mit Kindern umsetzen. Doch auch, wenn Sie das Buch zunächst nur für sich lesen: Es wird Ihren mathematischen Horizont erweitern und Sie dazu animieren, selbst das eine oder andere auszuprobieren.

■ **Kristin Dahl / Mati Lepp:**

Wollen wir Mathe spielen? Witzige Spiele und kniffelige Rätsel
Verlag Oetinger
Hamburg 2000

Zahlreiche Anregungen zu mathematischen Knobeleien und zu Versuchen mit Mengen, Flächen und Farben. Auch Würfelspiele, Hüpfspiele und Spiele mit dem Zahlenstrahl werden vorgestellt. Eine Fundgrube für Eltern, die mit Kindern ab vier Jahren spielen, denken und experimentieren wollen. Die Illustrationen von Mati Lepp machen die Lektüre einfach und erleichtern das Nachvollziehen der vorgestellten Inhalte.

■ **Gerhard Friedrich / Viola de Galgóczy:**

Komm mit ins Zahlenland. Eine Entdeckungsreise in die Welt der Mathematik
Verlag Herder
Freiburg 2004

Wie Kinder den Zahlenraum von eins bis zehn sinnlich und ganzheitlich erfahren, zeigt dieses Buch. Der Zahlenraum wird zum Zahlenland, in dem die Zahlen, der Zahlenkobold und die Zahlenfee wohnen. Die Zahlen werden spielerisch in den Alltag integriert und die Kinder erleben, dass »Mathematik« viel Spaß macht. Dieses Praxisbuch bietet Eltern viele Anregungen zur ganzheitlichen Vermittlung des Zahlenraums von eins bis zehn, viele Impulse und Ideen, wie Kinder in die Welt der elementaren Mathematik eintauchen können, originelle Spiele, Aktionen, Geschichten und Lieder und ein Liederheft mit einem Zahlen-Singspiel und eine dazugehörige CD zum Mitsingen.

■ **Carola Henke (Hrsg.) / Sybille Hein:**

Ich bin 1 und Du bist 2. Fröhliche Zahlengeschichten und Gedichte
Kerle im Verlag Herder
Freiburg 2006

Dieses Buch versammelt poetische und vergnügliche Texte, Gedichte und Liedtexte rund um die Welt der Zahlen von bekannten Autoren wie Peter Härtling, Cornelia Funke, Mirjam Pressler, Josef Guggenmoos, Leo Tolstoi und vielen anderen.

Service

Informations- und Beratungsmöglichkeiten

■ **Bundesverband Legasthenie und Dyskalkulie e.V.**
Postfach 1107
30011 Hannover
Tel.: 0700 / 31 87 38 11
Fax: 0511 / 31 87 39 11
E-Mail: info@bvl-legasthenie.de
www.legasthenie.net

■ **Gesellschaft für ganzheitliches Lernen e.V.**
Dr. Charmaine Liebertz
Zülpicher Platz 18
50674 Köln
Tel.: 0221 / 9233103
Fax: 0221 / 9233199
E-Mail: c.liebertz@ganzheitlichlernen.de
www.ganzheitlichlernen.de

■ **Bundesverband zur Förderung von Menschen mit Lernbehinderungen e.V.**
Gerberstr. 17
70178 Stuttgart
Tel.: 0711 / 6338438
Fax: 0711 / 6338439
E-Mail: post@lernen-foerdern.de
www.lernen-foerdern.de

Spiele, Tipps und Anregungen

Ein Krabbelvers: Himpelchen und Pimpelchen

Himpelchen und Pimpelchen stiegen auf einen Berg.
Zeige- und Mittelfinger krabbeln am Unterarm des Kindes im Sprechrhythmus nach oben bis zur Hand.

Himpelchen war ein Heinzelmann
den Daumen des Kindes anfassen

und Pimpelchen ein Zwerg.
den Zeigefinger des Kindes anfassen.

Sie blieben lange oben sitzen
Daumen und Zeigefinger des Kindes gerade ausstrecken

und wackelten mit den Zipfelmützen.
mit je einer Hand Daumen und Zeigefinger des Kindes nehmen und rhythmisch hin und her wackeln.

Doch nach vierundzwanzig Wochen sind sie in den Berg gekrochen.
Finger zur Faust ballen und eine Hand darüber legen.

Da liegen sie in guter Ruh.
Sei mal still und höre zu.
Krrr, krrr, krrr.
An der geschlossenen Faust horchen und dazu Schnarchgeräusche machen.

Mengen fühlen

Bei diesem Spiel werden kleine Steine, Perlen oder Murmeln in einen Sack getan. Ein Spieler greift in den Sack und holt mit geschlossener Hand eine Anzahl von Steinen heraus. Nun muss er versuchen zu erfühlen, wie viele Steine er in der Hand hat, und die entsprechende Zahl nennen. Das Spiel lässt sich auch variieren, indem vorgegeben wird, welche Menge die Spieler aus dem Sack herausholen müssen.

Würfelzauber

Alle Mitspieler würfeln zunächst mit einem normalen Würfel und nennen jeweils die Zahl, die sie gewürfelt haben. Nun wird es spannend: Wer kann die Augenzahl nennen, die unten, also auf der anderen Seite des Würfels liegt?
Kinder werden diese Aufgabe nicht gleich lösen können, aber wenn sie das Prinzip einmal verstanden haben, wird es ihnen großen Spaß machen: Die Summe der Zahl oben und unten auf dem Würfel ergibt immer sieben. Jetzt lässt sie sich gegenüberliegende Zahl leicht ausrechnen und das Rechenergebnis überprüfen.

Mengen sortieren

Für dieses Spiel werden Pappteller benötigt und kleine Gegenstände wie Nüssen, Steine, Perlen oder Murmeln. Nun wird jeder Teller mit einer Zahl von 1-10 beschriftet. Die Aufgabe besteht darin, jeder Zahl die richtige Menge zuzuordnen, das heißt, auf den Teller mit der Zahl 1 einen Gegenstand zu legen, auf den Teller mit der Zahl 2 zwei Gegenstände usw.

Räuber und Goldschatz – Ein Würfelspiele entlang der Zwanzigerreihe

Bei diesem Spiel lernen Kinder, sich im Zahlenraum bis zwanzig zu bewegen. Den benötigten Spielplan können Sie ganz leicht selbst herstellen. Malen Sie auf ein großes Blatt Papier zwei Räuberhöhlen und dazwischen eine Reihe von zwanzig runden Spielfeldern, die mit den Zahlen von eins bis zwanzig beschriftet sind. Außerdem benötigen Sie noch zwei Würfel und eine Spielfigur.

Die Grundidee ist einfach: Eine Spielfigur wird auf einem Zwanzigerstrahl annähernd in der Mitte (auf der Nummer 10) platziert. Zwei Spieler würfeln nun abwechselnd: ein Plus- und ein Minuswürfler. Die Spielfigur wird dabei einmal in Richtung 1 (beim Mi-

Service

Spiele, Tipps und Anregungen

nuswürfler) und einmal in Richtung 20 (beim Pluswürfler) bewegt.

Folgende Handlungsidee liegt dem Spiel zu Grunde: Zwei Räuber leben in ihren Höhlen im Wald. Der Plusräuber und der Minusräuber. Sie sind befreundet und besuchen einander täglich in ihren Behausungen. Weil es im Wald oft nass und schlammig ist, haben sie sich den Weg zwischen den Höhlen sogar gepflastert. So können sie bei jedem Wetter bequem zueinander kommen. Zwanzig Pflastersteine haben sie dafür gebraucht.

Eines Tages sind die beiden wieder im Wald unterwegs. Auf dem Heimweg sehen sie etwas auf einem Pflasterstein am Boden liegen. Sie schauen genauer hin: Es ist ein Säckchen mit Gold. »Mir gehört es«, ruft der Plusräuber, »denn ich habe es zuerst gesehen«. »Wo denkst du hin? Mir gehört es natürlich«, schreit der Minusräuber empört, »denn es liegt näher an meiner Höhle!«

Keiner will nachgeben, und so passiert das, was in so einem Fall passieren muss: Die beiden geraten fürchterlich in Streit. Sie beschimpfen einander und verprügeln sich schließlich. Doch plötzlich kommen sie wieder zur Vernunft: Sie sind ja schließlich keine Wilden, und außerdem wollen sie doch Freunde bleiben. Und deshalb beschließen sie, die Sache friedlich zu regeln. Aber wie?

Da hat der Plusräuber die rettende Idee. »Wir würfeln, wer den Schatz bekommt«, schlägt er vor. Glücklicherweise hat er einen Würfel in der Hosentasche.

»Ich darf anfangen«, sagt der Plusräuber, »denn der Schatz liegt um eins näher bei dir als bei mir. Da ist das nur gerecht«. Der Minusräuber ist einverstanden. Die beiden beginnen ihr Spiel. Immer, wenn der Plusräuber gewürfelt hat, rückt der Schatz um die entsprechende Anzahl Felder in Richtung 20, zu seiner Höhle. Im-

mer, wenn der Minusräuber gewürfelt hat, passiert das gleiche, nur in Richtung 1, zur Minusräuberhöhle hin. Derjenige, der es schafft, den Schatz in seine Höhle zu würfeln, darf ihn behalten.

(frei nach Erich Wittmann / Gerhard Müller: Handbuch produktiver Rechenübungen, Klett Verlag, Stuttgart 1990.)

Eine Zahlengeschichte

Bei diesem Spiel erzählt ein Erwachsener oder ein älteres Kind eine Geschichte, in der immer wieder Zahlen von eins bis zehn vorkommen. Die Geschichte handelt zum Beispiel von drei Hunden, die bei einem Spaziergang vier Katzen begegnen usw. Die anderen Mitspieler müssen dem Geschichtenerzähler gut zuhören und immer wenn eine Zahl genannt wird, entsprechend viele Finger hochhalten. Wer vergisst, die Finger hochzuhalten, oder sich verzählt, gibt einen Pfand ab.

Bewegen nach Zahlen

Alle Spieler sitzen im Kreis. Ein Kind fängt an und darf sich eine Bewegung wünschen, die alle mitmachen müssen, zum Beispiel in die Luft springen. Es nennt auch die Anzahl, wie oft die Bewegung ausgeführt werden muss. Damit alle Mitspieler wissen, wie oft sie die Bewegung machen müssen, schlägt das Kind die Anzahl auf einer Trommel. Wenn es zum Beispiel drei mal die Trommel geschlagen hat, machen alle Kinder die gewünschte Bewegung drei mal und zählen dabei laut mit. Dann darf das nächst Kind eine Bewegung bestimmen.

Zahlen in der Natur

Auf einem Spaziergang lassen sich auch in der Natur viele Zahlen entdecken. Gehen Sie also mit Ihrem Kind auf Entdeckungsreise und machen

Sie sich auf die Suche nach Zahlen: der Klee hat drei Blätter, Ahornblätter haben fünf Zacken, Käfer haben vier und Spinnen sechs Beine, Marienkäfer haben eine unterschiedliche Anzahl von Punkten auf dem Rücken, Vögel haben zwei Flügel usw.

Zahlenkaiser

Spannung liegt in der Luft, wenn bei diesem Spiel der Zahlenkaiser verlangt, dass eine bestimmte Zahl gewürfelt werden soll. Wer das schafft, wird neuer Kaiser!

Durch Auszählen wird ein Mitspieler bestimmt, der als erster der Zahlenkaiser sein darf. Der Zahlenkaiser schreibt nun einem Mitspieler nach dem anderen vor, welche Zahl er würfeln muss, und gibt ihm dann den kaiserlichen Würfel. Der Mitspieler hat nur einen einzigen Versuch, mit seinem Würfel die vorgegebene Zahl zu erreichen. Es ist purer Zufall, die richtige Zahl auf Anforderung zu würfeln. Schafft es einer der Mitspieler, die vom Kaiser verlangte Zahl auf Anhieb zu würfeln, ist der Kaiser entthront. Er muss nun den Würfel an den neuen Zahlenkaiser abgeben.

Mit Feuereifer bei der Sache – Konzentrationsförderung

■ Konzentration ist die Grundlage allen Lernens. Ohne das Vermögen, die Aufmerksamkeit zu bündeln, wird es einem Kind in der Schule schwer fallen, eine Aufgabe erfolgreich zu bewältigen. Konzentrationsförderung ist deshalb eine wichtige Vorbereitung auf den Schulstart. Wenn Kinder in eine spannende Beschäftigung vertieft sind, bringen sie ganz automatisch ein großes Maß an Konzentration und Ausdauer auf. Eltern können diese Fähigkeit unterstützen, indem sie im Alltag viele Gelegenheiten für konzentrierte Beschäftigungen schaffen. In diesem Kapitel erfahren Sie, welche Rahmenbedingungen dafür wichtig sind, welche Tätigkeiten und Spiele Ihr Kind besonders fördern und wie Sie mit Konzentrationsproblemen umgehen können.

Mit Feuereifer bei der Sache

Konzentration ist die Voraussetzung für erfolgreiches Lernen

Bei einer spannenden Beschäftigung sollten Sie Ihr Kind möglichst nicht unterbrechen.

■ »Patrick, kommst du jetzt endlich, wir wollen einkaufen gehen!«, ruft die Mutter schon zum dritten Mal durch den Flur. Keine Reaktion. Seufzend lenkt sie ihre Schritte in Richtung Kinderzimmer. Vor der halb offenen Tür bleibt sie stehen und späht durch den Spalt. Sie muss lächeln: Da sitzt ihr Vierjähriger mit hochroten Wangen auf dem Boden vor seiner Holzeisenbahn und ist eifrig am Bauen. Rings um die zusammengesteckten Gleise entsteht eine eindrucksvolle Kulisse aus Bauklötzen und Spielfiguren: Menschen, Tiere, Häuser, Autos, Straßen, Hügel und Wälder. Gleich wird der Zug durch diese wohlgestaltete Landschaft rollen ...

Patrick ist so vertieft in sein Werk, dass er die Rufe der Mutter gar nicht hört. Sie überlegt einen Augenblick, was sie tun soll: Ihn mit der Erklärung »Du kannst nachher weiterspielen« zum Aufbruch drängen? Oder ihr eigenes Vorhaben aufschieben? Ja, warum eigentlich nicht! Die paar Besorgungen lassen sich auch später erledigen. Es wäre doch zu schade, den Jungen aus seiner konzentrierten Tätigkeit herauszureißen. Denn genau das ist es, was Patrick bei seinem Spiel mit so bemerkenswerter Ausdauer aufbringt – volle Konzentration.

Eine wichtige Fähigkeit, die Eltern unterstützen können

■ Konzentration, was ist das überhaupt? Es ist die Fähigkeit eines Menschen, seine gesammelte Aufmerksamkeit (die geistige wie auch die körperliche) eine gewisse Zeit lang auf eine bestimmte Aufgabe zu richten. Konzentration ist somit eine wesentliche Voraussetzung für effektives Aufnehmen von Informationen und für jegliches Lernen.

Von der Intelligenz ist das Konzentrationsvermögen zwar weitgehend unabhängig, doch es ist zumindest teilweise angeboren. Manchen Kindern fällt es aufgrund ihrer Veranlagung schwer, aufmerksam und ausdauernd bei einer Tätigkeit zu bleiben, anderen gelingt dies leichter. Außerdem spielen äußere Einflüsse für die Konzentrationsfähigkeit eine Rolle, zum Beispiel eine ruhige, reizarme Umgebung und der Faktor Zeit. In dieser Hinsicht können Eltern tatsächlich einiges tun, um die Aufmerksamkeit ihres Kindes zu fördern. So gesehen war die Entscheidung von Patricks Mutter, ihren Sohn weiterspielen zu lassen, sicher klug. Es war ja kein dringender Termin einzuhalten. Leider bringen nicht alle Eltern so viel Verständnis für die Bedürfnisse ihres Kindes auf und reißen es manchmal, selbst wenn es gar nicht nötig wäre, mitten aus einer spannenden Beschäftigung.

Ausdauer und Konzentration – bis das Werk vollendet ist

So vermitteln sie ihrem Nachwuchs den frustrierenden Eindruck, dass sie seine Tätigkeit für unwichtig halten.

Von wegen »bloß spielen«!

■ Noch andere Faktoren spielen für die Konzentrationsfähigkeit eine Rolle, zum Beispiel das Alter. Je kleiner ein Kind ist, desto kürzer ist die Zeitspanne, in der es sich auf eine Tätigkeit konzentrieren kann. Mit zunehmendem Alter wächst im Allgemeinen die Fähigkeit, sich ausdauernd einer Aufgabe zu widmen. Manchmal können jedoch auch schon Einjährige ihre Aufmerksamkeit zehn Minuten oder länger auf eine Sache richten, und manchmal schafft ein Vier- oder Fünfjähriger dies nur mit Mühe. Das hängt wesentlich von der Art der jeweiligen Beschäftigung ab. Je mehr diese den Interessen und dem aktuellen Entwicklungsstand des Kindes entspricht, desto größer ist seine Ausdauer.

In diesem Zusammenhang wird verständlich, warum gerade das Spielen für Kinder eine so große Bedeutung hat – und keineswegs ein nutzloser Zeitvertreib ist. Sei es beim Bauen mit Duplo-Steinen, beim Spiel mit der Holzeisenbahn oder beim Puzzeln: Diese spannenden Beschäftigungen wecken den kindlichen Ehrgeiz und halten schon Zwei- und Dreijährige im Idealfall so lange bei der Stange, bis das jeweilige Werk vollendet ist.

Im Lauf der Kindergartenzeit werden noch andere Beschäftigungen immer wichtiger, insbesondere Malen und Basteln, die neben Geduld und Aufmerksamkeit eine gewisse feinmotorische Geschicklichkeit voraussetzen. Diese Fähigkeiten braucht das Kind, um für seinen späteren Schuleintritt gut vorbereitet zu sein. ≪≪≪

Interesse und Ehrgeiz sind ideale Voraussetzungen für konzentriertes Arbeiten.

Mit allen Sinnen begreifen

Konzentration ist nicht nur Kopfarbeit – der ganze Körper ist aufmerksam

■ Patricks Mutter erlebt heute nicht zum ersten Mal, dass ihr Sprössling völlig in einer Beschäftigung aufgeht und die Welt um sich herum vergisst. Schon als er ein Krabbelkind war, konnte sie dies bei ihm beobachten. Wenn es plötzlich ganz still im Raum wurde und sie sich nach ihrem Kleinen umschaute, entdeckte sie ihn meistens mit einem neuen Gegenstand irgendwo in einer Ecke sitzen. Es war für sie jedes Mal faszinierend zu sehen, mit welcher Hingabe er das unbekannte Ding – sei es ein Spielzeug oder ein Gebrauchsgegenstand – untersuchte: Er wog es bedächtig in seinen kleinen Händen und befühlte es ausgiebig. Er drehte es unzählige Male hin und her und betrachtete es von allen Seiten. Er schüttelte es und horchte gebannt auf das Geräusch, das es machte. Zum Schluss steckte er es meistens in den Mund, um mit Wonne daran zu lutschen und zu saugen.

Kinder nehmen neue Eindrücke nicht allein mit Augen und Ohren auf, sondern mit ihrem ganzen Körper. Greifen und begreifen – diesen Zusammenhang hat der Schweizer Psychologe Jean Piaget schon vor Jahrzehnten erkannt. Nur wer einen Gegenstand mit allen seinen Sinnen erfasst hat, kann sich von ihm wirklich ein Bild machen. Wahr-

Das Begreifen beginnt mit dem Greifen.

nehmung mit allen Sinnen ist somit eine wichtige Voraussetzung für aufmerksames Lernen.

Alle sieben Sinne beisammen

■ Bei den Begriffen »Sinne« beziehungsweise »Sinneswahrnehmung« denken wir zunächst nur an die folgenden fünf Funktionen: Sehen, Hören, Riechen, Schmecken und Tasten. Der Mensch verfügt jedoch nicht nur über diese fünf sprichwörtlichen Sinne, sondern besitzt darüber hinaus zwei weitere, die seine Körperwahrnehmung und Motorik steuern: Das sind der Gleichgewichtssinn und der Muskel- und Stellungssinn.

Unzählige Reize strömen in jedem Augenblick auf unsere sieben Sinne ein.

Schau genau hin!

Hier kommt es auf genaues Hinsehen und Erkennen an: Stellen Sie sich vor Ihr Kind und fordern Sie es auf, Sie ganz genau zu betrachten. Dann gehen Sie aus dem Raum und verändern etwas an Ihrer Kleidung: Sie wechseln das T-Shirt oder legen sich ein Halstuch um. Nun treten Sie wieder ins Zimmer und lassen Ihr Kind nach der Veränderung suchen.

Sie werden von den Sinnesorganen aufgenommen und über Nervenzellen ans Gehirn geleitet, das wiederum die Aufgabe hat, sie zu verarbeiten. Das Gehirn speichert und sortiert sie, vergleicht sie mit früheren Eindrücken und stimmt sie mit anderen Reizen ab. Dann schickt es die verarbeiteten Informationen an die dafür vorgesehenen Empfänger (zum Beispiel Organe oder Körperteile) und übermittelt ihnen so die nötigen Impulse für angemessene Reaktionen.

Auf gute Zusammenarbeit kommt es an

■ Die Fähigkeit zur Verarbeitung von Sinnesreizen ist von Geburt an im Gehirn angelegt, sie muss sich aber in den ersten Lebensjahren erst noch genauer ausbilden. Nicht nur das: Das Gehirn muss auch lernen, die verschiedenen Sinneseindrücke zu einem »sinn-vollen« Ganzen zu verknüpfen. Man bezeichnet diese Zusammenarbeit der Sinne als »sensorische Integration«. Von ihr hängt im Wesentlichen ab, ob sich ein Kind körperlich, geistig und seelisch gut entwickelt.

Nehmen wir als einfaches Beispiel die Aufgabe, eine Figur auf einem Blatt Papier auszuschneiden: Diese Arbeit kann normalerweise schon ein Vorschulkind bewältigen – sofern die daran beteiligten Sinne entsprechend gut zusammenarbeiten. Der Tast- und der Gleichgewichtssinn sorgen zusammen mit dem Muskel- und Stellungssinn dafür, dass es Papier und Schere richtig in der Hand hält und koordinierte Bewegungen ausführt. Der Sehsinn kontrol-

Wahrnehmung mit allen Sinnen ist eine Voraussetzung für Konzentration

liert, ob die Arbeit richtig gemacht wird.

Voraussetzungen für Konzentration und Lernfähigkeit sind also nicht nur ein gutes Sehvermögen und eine gute Hörfähigkeit – Eigenschaften, auf die später in der Schule besonders großer Wert gelegt wird. Auch die anderen Sinne müssen optimal mitarbeiten, damit ein Kind eine Aufgabe gut bewältigen kann. Denn hat es Bewegungsabläufe wie in unserem Beispiel das Ausschneiden erst einmal so verinnerlicht, dass sie ihm in Fleisch und Blut übergegangen sind, muss es sich nicht mehr besonders darauf konzentrieren. Der Kopf wird frei für andere Dinge, auf die es seine Aufmerksamkeit richten kann. <<<

Sensorische Integration – so nennt man die Zusammenarbeit der Sinne.

Konzentration im Alltag fördern

So schaffen Sie gute Rahmenbedingungen

■ Oma und Opa sind zu Besuch gekommen und haben für ihre Enkelin Mara ein Geschenk mitgebracht. Aufgeregt schnappt sich die Dreijährige das Päckchen, zieht die Schleife auf und wickelt es aus: ein Puzzle! Mara ist begeistert, sie liebt Puzzles. Die Eltern dagegen sind etwas skeptisch: »Das sind ja 50 Teile!« – »Na klar«, meint Oma, »so pfiffig wie Mara ist, wird sie das in Nullkommanichts hinkriegen!«

Fördern und Überfordern sind zweierlei Dinge.

Das Geschenk war bestimmt mit den besten Absichten ausgewählt, doch die Zurückhaltung von Maras Eltern hat ihren Grund. Verwandte und Bekannte (ja, auch die Eltern selbst) meinen es mit dem Schenken manchmal zu gut. Aus dem beabsichtigten Fördern wird dann schnell ein Überfordern. Ein Spiel oder ganz allgemein eine Beschäftigung sollte nicht nur den Interessen des Kindes entsprechen, sondern auch seinem Alter und Entwicklungsstand. Sonst wird das Kind nicht lange bei der Sache bleiben und die Eltern müssen ihm unter die Arme greifen – bis sie die Aufgabe womöglich selbst erledigen. Das Kind hat davon weder Spaß noch irgendeinen Lerneffekt.

Das hast du toll gemacht!

■ Weil Maras Eltern wissen, dass ein 50-teiliges Puzzle für ihre dreijährige

> ### Wer fängt den Ring?
>
> Dieses alte Kinderspiel fördert die Motorik und die Körperkoordination. Es eignet sich für Kinder ab vier Jahren. Sie brauchen dazu einen Holz- oder Plastikring von etwa 20 Zentimeter Durchmesser, außerdem einen Stock und eine etwa 50 Zentimeter lange Schnur. Binden Sie am einen Ende der Schnur den Ring und am anderen das Stockende fest. Los geht's: Das Kind wirft den Ring in die Luft und versucht ihn wieder aufzufangen, indem es den Stock durch den Ring stößt. Je kleiner der Ring, desto schwieriger die Aufgabe. Doch Übung macht den Meister!

Tochter noch zu schwer ist, beschließen sie, das Spiel vorerst wegzuräumen. Natürlich ist nicht immer von vornherein abzusehen, ob ein Kind einer Aufgabe gewachsen ist. Dann sollte man es die Sache ruhig ausprobieren lassen. Wenn es schief geht, verschwindet das Spiel eben für eine Weile in der Schublade, bis es zu einem späteren Zeitpunkt wieder hervorgeholt wird.

Klappt es dagegen bei den ersten Versuchen, hat das Kind auf jeden Fall ein anerkennendes Wort verdient. Die Zauberkraft des Lobs ist nicht zu unterschätzen. Wenn Sie Ihr Kind loben, stärken Sie sein Selbstwertgefühl und motivieren es, weiterzumachen und sein Können weiterzuentwickeln. Halten Sie ihm dagegen seine Defizite vor Augen oder nehmen ihm eine Aufgabe ab, wird es kaum Lust haben, die Sache noch mal zu probieren. Achten Sie jedoch immer darauf, dass Ihr Lob angemessen ist. Kinder spüren meistens sehr genau, ob ihnen eine Aufgabe gelungen ist oder nicht.

Bis das Werk vollendet ist

■ Eltern können eine Menge tun, damit ihr Nachwuchs lernt, sich mit Ausdauer in eine Sache zu vertiefen. Das gilt für

das Spiel genauso wie für jede andere Tätigkeit. Beim Spielen ist es wichtig, dass das Kind nicht mit zu vielen Spielsachen überhäuft wird. Sonst weiß es nicht mehr, wonach es greifen soll, und springt von einer Sache zur nächsten.

Welche Beschäftigungen eignen sich nun besonders, ein Kind für eine gewisse Zeit bei der Stange zu halten? Es sind zunächst die schon erwähnten kreativen Tätigkeiten wie Malen, Basteln und Gestalten. Für das Kind ist es jedes Mal ein tolles Erfolgserlebnis, nach ausdauerndem Bemühen eine selbst gefertigte Arbeit in den Händen zu halten. Das gibt ihm Ansporn für weitere kreative Aktivitäten. Auch ein Musikinstrument zu erlernen ist für die Konzentration sehr förderlich: Das Kind muss ein neues Stück so lange üben, bis alle Töne sitzen – das setzt enormes Konzentrations- und Durchhaltevermögen voraus. Nicht zu vergessen ist die Bedeutung von Gesellschaftsspielen wie »Fang den Hut« oder »Mau-Mau«: Beim Spielen mit

Sehen, hören, tasten: Bieten Sie Ihrem Nachwuchs schöne Spiele für alle Sinne an.

Tastkarten-Memory

Bilder-Memorys sind ebenso wie Puzzles geeignet, die Konzentration und die Sehwahrnehmung zu fördern. Eine hübsche Variante dazu ist ein Memory mit Tastkarten, das besonders die Spürwahrnehmung anspricht. Sie können es leicht selbst herstellen: Schneiden Sie einen Pappkarton in 20 quadratische Karten mit einer Größe von etwa acht mal acht Zentimeter. Bekleben Sie jeweils zwei Karten mit dem gleichen Material: Stoff, Watte, Fäden, Federn, Sand, Körner usw. Und schon kann das Spiel beginnen: Sie verbinden Ihrem Kind die Augen und legen die Bilderpaare mit der beklebten Seite nach oben auf den Tisch. Ihr Kind greift sich eine Karte und befühlt sie ausgiebig. Dann legt es die Karte beiseite und versucht durch Abtasten der anderen Karten das passende Gegenstück zu finden.

Der Haushalt bietet viele Anlässe für konzentriertes Arbeiten mit den Händen

Handtuch werfen. Außerdem können Eltern selbst mit gutem Beispiel vorangehen und ihre eigenen Arbeiten zu Ende führen, statt von einer Sache zur anderen zu springen. Wie wäre es mit einer gelegentlichen Kreativstunde zu zweit? Sie und Ihr Kind setzen sich gemeinsam an den Tisch, jeder mit einer eigenen Beschäftigung, und tauschen sich zwischendurch über den Stand Ihrer Tätigkeiten aus. Das erzeugt ein schönes Gemeinschaftsgefühl und motiviert zum Weitermachen!

Ich habe eine Aufgabe für dich

■ Eine Voraussetzung dafür, dass Kinder sich konzentrieren können, sind die häuslichen Rahmenbedingungen. Wichtig ist zum Beispiel ein geregelter Tagesablauf mit festgelegten Zeiten, die den Tag strukturieren. Auch gewisse Aufgaben im Haushalt gehören dazu, bei denen der Nachwuchs mithelfen kann. Ziehen Sie Ihr Kind ruhig zu solchen Arbeiten heran. Dabei bekommt es nicht nur die schöne Bestätigung, dass es etwas Wertvolles leistet, sondern lernt auch, eine Tätigkeit mit Konzentration und Überlegung von Anfang bis Ende selbstständig durchzuführen.

Tischdecken ist zum Beispiel eine solche Aufgabe, die Sie Ihrem Sohn oder Ihrer Tochter ohne weiteres übertragen können. Während Ihr Dreijähriges dabei wohl noch eine gewisse Anleitung braucht, dürfte ein fünf- oder sechsjähriges Kind bereits die nötige Routine besitzen. Dann können Sie es allmählich zu anspruchsvolleren Aufgaben heran-

Eltern, Geschwistern oder Freunden lernt das Kind, nicht gleich beim ersten Misserfolg aufzugeben – schon allein den anderen zuliebe.

Wichtig ist daneben die liebevolle Unterstützung der Eltern. Wenn Mama oder Papa ihr Kind bei einer Tätigkeit begleiten und mit aufmunternden Worten kleine Durchhänger überbrücken helfen, wird es nicht so schnell das

Ein Lob kann manchmal Wunder wirken.

ziehen. Überlassen Sie Ihrem Kind doch mal die Organisation, wenn sich Besuch ankündigt: Ihr Sprössling deckt die Kaffeetafel, wählt die Tischdekoration aus, faltet die Servietten und übernimmt die Bedienung. Ihre Gäste werden staunen – und Ihr Kind wird stolz sein!

Reizüberflutung vermeiden

■ Alles andere als konzentrationsfördernd ist hingegen Reizüberflutung. Übermäßiger Fernsehkonsum macht Kinder ebenso hibbelig wie permanente Musikberieselung oder ständiges Telefonklingeln. Lassen Sie deshalb nicht ständig Musik oder das Radio laufen, stellen Sie bei wichtigen Tätigkeiten das Telefon oder das Handy leise und achten Sie auf eine vernünftige Regelung der Fernsehzeiten. Bei vierjährigen Kindern sind 20 Minuten Fernsehen pro Tag absolut ausreichend, bei Sechsjährigen sollten es nicht mehr als 30 bis höchstens 40 Minuten täglich sein. Ein Tipp: Nehmen Sie Kindersendungen auf DVD oder Video auf oder kaufen Sie eine DVD mit einem schönen Kinderfilm. Die Fernsehzeiten lassen sich auf diese Weise beliebig portionieren. Wenn die festgelegte Zeit um ist, weiß das Kind: Morgen geht es weiter. Diese Vorgehensweise hat zudem den Vorteil, dass sich das Kind die jeweilige Sendung beliebig oft anschauen kann. So hat es genügend Zeit, den Inhalt zu verarbeiten. Besonders hilfreich ist es, wenn Sie sich dazusetzen und das Programm gemeinsam mit ihm anschauen. Sprechen Sie mit Ihrem Nachwuchs anschließend über den Inhalt der Sendung. So helfen Sie ihm, das Gesehene richtig einzuordnen und sein Wissen zu erweitern.

Für die Regelung von Computer-Zeiten gilt Ähnliches wie fürs Fernsehen, wobei Sie in Abstimmung mit Ihrem Nachwuchs entscheiden sollten: entweder Fernsehen oder Computerspiel. Beides an einem Tag ist für ein Vorschulkind eindeutig zu viel. Was Hörspiel-CDs betrifft, so kommt es ebenfalls auf eine gute Auswahl und die richtige Dosierung an. Nicht nur das: Viele Kinder haben die Gewohnheit, neben einer Beschäftigung ein Hörspiel laufen zu lassen. Ihr Konzentrationsvermögen wird dadurch allerdings eher geschwächt als gefördert. Lassen Sie Ihr Kind daher bewusst auswählen: entweder das eine oder das andere.

Klare Absprachen und Regeln sind beim Thema Fernsehen unerlässlich.

Aufgepasst!

Wenn Ihr Kind eine DVD nach wiederholtem Anschauen schon in- und auswendig kennt, können Sie das folgende Spiel ausprobieren. Es erfordert ganze Aufmerksamkeit – und weckt neues Interesse:

Sehen Sie sich mit Ihrem Kind die Sendung an und achten Sie beide auf besondere Details: Einer der Schauspieler hat vielleicht die Gewohnheit, sich immer wieder am Ohrläppchen zu zupfen oder seine Krawatte zurechtzurücken. Oder es gibt eine Darstellerin, die mit Vorliebe ausgefallenen Schmuck trägt. Oder die Stimme einer anderen Schauspielerin erinnert an eine gute Bekannte. Tauschen Sie sich nach der Sendung mit Ihrem Kind darüber aus, wer was beobachtet hat.

Gut ernährt und ausgeruht

■ Damit sich Ihr Kind richtig konzentrieren kann, braucht sein Gehirn gute Nahrung. Setzen Sie statt auf Fastfood und Süßigkeiten lieber auf gesunde Kost: Obst und Gemüse, Fisch und mageres Fleisch, Milch- und Vollkornprodukte. Ebenso wichtig ist ein gesunder Schlaf: Vermeiden Sie vor allem abends Lärm und Hektik, lassen Sie den Tag in Ruhe ausklingen. So findet Ihr Kind leichter in den Schlaf.

Momente der Ruhe und Entspannung sind wichtig für die Konzentration.

Matratzen-Hamburger

Eine schöne Möglichkeit, ein unruhiges, überreiztes Kind zur Ruhe zu bringen, bietet diese kleine Übung: Ihr Kind legt sich bäuchlings auf eine Matratze und Sie decken es mit einer weiteren Matratze oder mit einem großen, festen Kissen zu. Geben Sie dann immer mehr von Ihrem Körpergewicht an die obere Matratze ab. Durch den Druck spürt Ihr Kind seinen eigenen Körper, es fühlt sich fest umschlossen und wunderbar geborgen.

Zur Ruhe finden – Rituale pflegen

■ Im Tagesablauf Ihres Kindes sollten Ruhezeiten ihren festen Platz haben. Nur wenn Ihr Kind sich zwischendurch entspannen kann, ist es auch in der Lage, sich wieder mit Ausdauer und Konzentration einer Aufgabe zu widmen. Sie brauchen nicht zu befürchten, dass Ihr Kind sich dabei langweilen könnte. Und selbst wenn: Die Zeiten des Nichtstuns sind vermutlich die schöpferischsten Momente überhaupt. Ihr Kind kann aus ihnen Energie und Anregungen für neue kreative Phasen schöpfen. Gönnen Sie ihm diese Augenblicke, in denen es sich sammeln kann und von nichts und niemandem gestört wird.

Auch Rituale sind für Kinder sehr wichtig. Sie stärken das Wir-Gefühl in der Familie und vermitteln Sicherheit und Geborgenheit. Das Kind weiß zum Beispiel genau: Wenn die Familie am Esstisch sitzt, fassen sich alle an den Händen und wünschen

Spiele fördern das Konzentrationsvermögen

sich einen guten Appetit. Und wenn es abends Zeit zum Schlafengehen ist, kommen Mama oder Papa ans Bett und lesen eine Gute-Nacht-Geschichte vor. Rituale helfen, den Tagesablauf zu strukturieren; sie sorgen für Beständigkeit und damit für innere Ruhe und Ausgeglichenheit.

Bewegung tut gut

■ Genauso wichtig wie feste Ruhezeiten sind vielfältige Bewegungsmöglichkeiten, die nicht nur die motorischen Fähigkeiten und die Körperwahrnehmung schulen, sondern auch die Konzentration fördern. Wenn Ihr Kind sich nach Herzenslust austoben, seinen Bewegungsdrang ausleben und überschüssige Energie abbauen kann, vermittelt ihm das ein gutes Körpergefühl. Es verbessert seine Spürwahrnehmung, sein Gleichgewicht, seine Koordination und seine grob- und feinmotorischen Fähigkeiten. All das sind wichtige Voraussetzungen für ruhiges, konzentriertes und ausdauerndes Arbeiten. Abgesehen davon kann Abwechslung im richtigen Augenblick nur gut tun: Bewegung an der frischen Luft sorgt für den nötigen Sauerstoffnachschub und ist damit der ideale Ausgleich zur stillen, konzentrierten Tätigkeit. Eine Auswahl an schönen Bewegungsspielen und Anregungen zur Körpererfahrung finden Sie im Serviceteil. «

Mit Bewegung fällt das Konzentrieren leichter.

Gut vorbereitet auf die Schule
Wie Sie die Lernfreude Ihres Kindes fördern können

Konzentrationsfähigkeit ist eine wichtige Voraussetzung für den Erfolg in der Schule.

■ Die sechsjährige Alexandra sitzt an ihrem Kinderschreibtisch und malt ein Bild. Ihre Mutter kommt hinzu. Sie runzelt die Stirn: »Ach, Alexandra, das sieht nicht besonders schön aus. Sieh mal, du hast ja über den Rand gemalt! Und die Flächen solltest du auch ein bisschen gleichmäßiger ausmalen. Du kommst doch bald in die Schule, da musst du so was können!«

Wenn es auf den Schulanfang zugeht, werden nicht nur viele Kinder, sondern manchmal auch ihre Eltern nervös. Sie hegen die Sorge, dass ihr Nachwuchs nicht die erforderliche Ausdauer und Konzentration aufbringen könnte, um dem Unterricht zu folgen. Dann wird schon mal versucht, mit Ermahnungen nachzuhelfen: »Streng dich ein bisschen mehr an!«, »Mach das ordentlicher!«. Meist hält sich die Wirkung in Grenzen. Verständlich, denn Kritik ist nun mal längst nicht so motivierend wie Lob.

In gewisser Hinsicht ist die Sorge der Eltern allerdings berechtigt. Viele Lehrer beklagen, dass sich die Mehrzahl der Schüler nicht mehr richtig konzentrieren kann. Daran mag zum Teil unsere heutige Lebensweise schuld sein: Stress und Hektik, Lärm und Reizüberflutung sowie Unübersichtlichkeit in beengten Wohnverhältnissen. Aber auch eine mangelnde Förderung von Kindern im Vorschulalter kann zu Konzentrationsproblemen in der Schule führen.

Wie viel Konzentration können Eltern und Lehrer von einem Kind überhaupt erwarten? Fünfjährige sollten sich einer Aufgabe zehn bis 15 Minuten

Basteln schult die Motorik und Koordination

lang widmen können, bei Sechsjährigen sind es etwa 20 Minuten. Das hängt natürlich unter anderem vom Schwierigkeitsgrad der Aufgabe und von der Tageszeit ab: Spätnachmittags und abends lässt die Konzentrationsfähigkeit merklich nach.

So helfen Sie Ihrem Kind

■ Damit Ihr Kind später im Unterricht aufmerksam mitarbeiten kann, sollten Sie schon zu Hause gute Lernbedingungen schaffen. Einige wichtige Faktoren sind bereits genannt worden:

• Den Nachwuchs bei einer Beschäftigung möglichst nicht unterbrechen.
• Ruhezeiten und Rituale in den Tagesablauf einbauen.
• Dem Kind Bewegungsmöglichkeiten verschaffen, die seine Motorik und Koordination schulen.
• Reizüberflutung vermeiden und das Angebot an Spielsachen reduzieren.
• Durch altersangemessene und interessante Spielangebote dafür sorgen, dass das Kind mit Lust und Freude bei der Sache ist.

Achten Sie zudem auf eine gute Atmosphäre im Kinderzimmer: Bücher und Spielsachen sollten nicht wahllos herumliegen, sondern genauso ihren festen Platz haben wie Kleidung und Gebrauchsgegenstände. Ordnung schafft Überblick und damit gute Lernbedingungen. Auch die Wände sollten nicht überfrachtet sein. In einem Raum, der Ruhe ausstrahlt, kann sich Ihr Nachwuchs besser konzentrieren.

Eine wichtige Voraussetzung fürs

Training fürs Gehirn

Noch etwas ist wichtig für die Konzentration: eine gute Zusammenarbeit der linken und rechten Gehirnhälfte. Diese lässt sich mit folgender Übung aus der angewandten Kinesiologie fördern:
Lassen Sie Ihr Kind auf einem DIN-A3-Blatt eine große Acht nachmalen, am besten abwechselnd mit der rechten und linken Hand. Achten Sie darauf, dass es bei den Handbewegungen seine Körpermittellinie überkreuzt. So werden beide Gehirnhälften optimal aktiviert. Zu diesem Zweck können Sie das Papier auch so drehen, dass die vorgemalte Acht zum Liegen kommt. Das fördert die Überkreuzbewegungen. Ein anderes Mal kann Ihr Kind mit beiden Händen gleichzeitig malen: rauf und runter, kreuz und quer – ganz wie es ihm gefällt. Auch das regt die Zusammenarbeit der beiden Gehirnhälften an.

schulische Lernen ist nicht zuletzt ein gutes Gedächtnis. Das Kind muss sich im Unterricht viel neuen Stoff einprägen. Da ist es hilfreich, wenn Sie seinem Gedächtnis zwischendurch mit spielerischen Übungen auf die Sprünge helfen. Erteilen Sie Ihrem Kind zum Beispiel hin und wieder ein paar lustige kleine Aufträge, die es lückenlos und in der richtigen Reihenfolge ausführen soll. Etwa Anweisungen wie diese: »Zieh deine Handschuhe an, setz deine Badekappe auf und schlüpf in deine Trainingsjacke. Dann krabble auf allen Vieren die Treppe hinauf und rückwärts wieder hinunter.« <<<

Gedächtnis und Merkfähigkeit lassen sich mit Spielen trainieren.

Probleme mit der Konzentration
Was könnte dahinter stecken?

Konzentrationsstörungen hängen nicht selten mit Wahrnehmungsstörungen zusammen.

■ Dominik hat keine Geduld beim Puzzeln; statt nach passenden Teilen zu suchen, wühlt er einfach alle durcheinander. Svenja bringt kein Spiel zu Ende; kaum hat sie eins angefangen, lässt sie es schon links liegen und greift nach dem nächsten. In Lenas Zimmer liegen lauter unfertige Zeichnungen herum; beim Basteln hat sie erst recht keine Ausdauer. Und Tom hört nicht zu, wenn die Erzieherin im Kindergarten eine Geschichte vorliest, weil ihn tausend Dinge ablenken ...

Genau hinsehen, aufmerksam zuhören, eine Beschäftigung zu Ende bringen – das sind wesentliche Merkmale für ein gutes Konzentrationsvermögen. Wenn ein Kind solche Fähigkeiten nicht besitzt, deutet das auf Konzentrationsschwierigkeiten hin. Doch was mag dahinter stecken?

Kummer, mangelndes Selbstvertrauen oder fehlende Motivation?

■ Manchmal können Kummer und psychische Belastungen die Ursache für Konzentrationsprobleme sein. Vor allem, wenn Ihr Nachwuchs sich anders als gewohnt verhält, wenn er sich beispielsweise abkapselt und für Neues kein Interesse mehr zeigt, sollten Sie an diese Möglichkeit denken. Vielleicht hat Ihr Kind Streit mit Freunden, Angst vor einer ungewissen Situation, oder es fühlt sich vernachlässigt. Versuchen Sie, der Sache auf den Grund zu gehen. Bedrängen Sie Ihr Kind jedoch nicht mit Fragen, sondern hören Sie ihm aufmerksam zu. So helfen Sie ihm, sich zu öffnen und seinen Kummer loszuwerden.

Auch fehlendes Selbstvertrauen kann die Konzentration beeinträchtigen. Wenn Ihr Nachwuchs eine Aufgabe schon mit der Überzeugung »Das kann ich sowieso nicht« angeht, wird er nicht lange bei der Sache bleiben. Achten Sie deshalb darauf, dass Sie Ihr Kind nicht mit Aufgaben konfrontieren, die es komplett überfordern.

Umgekehrt kann auch Unterforderung die Ursache für mangelnde Konzentration sein. Geben Sie Ihrem Fünfjährigen keine Beschäftigung, mit der schon Dreijährige spielend fertig werden. Sonst vermitteln Sie ihm das frustrierende Gefühl: »Etwas Schwierigeres traue ich dir nicht zu.« Kein Wunder, wenn dann Motivation und Lernfreude ausbleiben!

Ablenkungen ausschalten

■ Ein weiterer Punkt, der schon genannt wurde: Wer sich konzentrieren soll, braucht Ruhe. Vermeiden Sie deshalb Störungen, Ablenkung, Stress, Zeitdruck und Reizüberflutung. Schaffen Sie stattdessen eine ruhige Atmosphäre, in der sich Ihr Nachwuchs sammeln und mit Muße in eine Beschäftigung vertiefen kann.

Wenn die Wahrnehmung gestört ist

■ Oft haben Konzentrationsprobleme allerdings tiefere Ursachen, zum Beispiel Wahrnehmungsstörungen. Erinnern Sie sich an das Beispiel von Seite 55: Eine gut funktionierende Wahrnehmung und Zusammenarbeit der Sinne ist die Voraussetzung dafür, dass uns bestimmte Bewegungsabläufe, wie etwa das Schneiden mit einer Schere, in Fleisch und Blut übergehen. Wenn unser Körper solche Abläufe verinnerlicht hat, brauchen wir nicht mehr besonders darauf zu achten, wie wir die Schere in der Hand halten und unsere Bewegungen ausführen. Anders, wenn die Wahrnehmung im Sehen oder im Bereich der drei so genannten Grundsinne (Hautsinn, Gleichgewichtssinn, Muskel- und Stellungssinn) gestört ist: Dann kostet die Bewältigung solcher

Prüfen Sie sorgfältig: Will das Kind nicht – oder kann es nicht?

Ein kleiner Selbstversuch

Möchten Sie einmal hautnah erfahren, wie sich ein Kind mit einer Wahrnehmungsstörung fühlt? Dann probieren Sie diesen kleinen Test aus: Binden Sie sich an jeder Hand zwei Finger mit einem Klebeband zusammen – auf der einen Seite Mittel- und Ringfinger, auf der anderen Zeige- und Mittelfinger, jeweils oberhalb der Fingermittelgelenke. Anschließend nehmen Sie ein kleines Blatt Papier (etwa acht mal sechs Zentimeter) und versuchen daraus ein Papierschiffchen zu falten. Ihr selbst auferlegtes Handicap wird Ihnen dabei wohl etwas zu schaffen machen. Zumindest kostet Sie das Anpassen Ihrer Bewegungen mehr Konzentration, als Sie sonst zum Papierfalten benötigen. Wenn Ihr Werk vollendet ist, nehmen Sie die Bänder vorerst nicht ab, sondern versuchen Sie, Ihre aktuelle Tätigkeit (zum Beispiel eine Arbeit im Haushalt) damit fortzusetzen. Es wird nicht lange dauern, bis Ihnen bewusst wird, wie anstrengend das ist. Jetzt wissen Sie, wie es einem Kind mit einer Störung der Feinmotorik geht: Es muss sich für Tätigkeiten, die eine gewisse Handgeschicklichkeit erfordern, viel mehr anstrengen als andere und wird trotzdem ständig für seine »Unkonzentriertheit« und »Schlampigkeit« gerügt.

Kinder mit Wahrnehmungsstörungen fallen im Kindergarten auf

räuschkulisse gezielt Informationen herauszufiltern. Herrscht beispielsweise im Kindergarten oder später in der Schule ein gewisser Lärmpegel, bekommt es meist nicht mit, wenn etwas Wichtiges gesagt wird. Und wenn die anderen Kinder im Stuhlkreis murmeln, während die Erzieherin eine Geschichte vorliest, wird das Kind durch diese Umgebungsgeräusche schnell aus seiner Aufmerksamkeit gerissen.

Beobachtungen austauschen

■ Dieses Beispiel macht deutlich, wie wichtig ein regelmäßiger Austausch zwischen Kindergarten und Elternhaus im Hinblick auf den Schuleintritt ist. Im Kindergarten herrschen andere Bedingungen als in den häuslichen vier Wänden. Zu Hause hat man beispielsweise nicht den Lärmpegel einer großen Kindergruppe. Wenn die Mutter oder der Vater etwas zum Kind sagen, wird es nicht durch Umgebungsgeräusche abgelenkt und kann meistens angemessen reagieren. Im Kindergarten dagegen fallen Kinder mit einer gestörten Hörwahrnehmung eher auf, weil Informationen häufig nicht bei ihnen ankommen.

Leider äußern sich Wahrnehmungsstörungen auf sehr unterschiedliche Weise, je nachdem, welche Sinnesbereiche betroffen sind. Es ist daher alles andere als einfach, Konzentrationsschwierigkeiten bei einem Kind mit möglichen Wahrnehmungsstörungen in Verbindung zu bringen. Das sollte für Eltern ein weiterer Grund sein, das regelmäßige Gespräch mit der Erzieherin zu

Wenn Ihr Kind oft unkonzentriert ist, beobachten Sie es genau.

Arbeiten verstärkte Aufmerksamkeit, die für eine andere Sache – etwa die Anweisung »Schneide die Figur entlang der gestrichelten Linie aus!« – nicht mehr zur Verfügung steht.

Ein anderes Beispiel: Ein Kind, dessen Hörwahrnehmung beeinträchtigt ist, hat oft Probleme, aus einer Ge-

pflegen. So kann man sich über Beobachtungen austauschen, die unter Umständen wichtige Hinweise liefern:
- Hat Ihr Kind Probleme mit dem Gleichgewicht und der Körperkoordination?
- Stellt es sich bei feinmotorischen Anforderungen ungeschickt an?
- Ist es besonders berührungsempfindlich?
- Hat es Probleme, Gehörtes richtig zu verarbeiten?
- Bereitet ihm die räumliche Orientierung Schwierigkeiten?
- Verliert es bei einer Fülle von visuellen Eindrücken leicht den Überblick?

Die Liste ließe sich noch lange fortsetzen. Welche Wahrnehmungsbereiche auch immer betroffen sind, alle Störungen haben etwas gemeinsam: Sie erschweren dem Kind die Bewältigung bestimmter Aufgaben und beeinträchtigen damit seine Ausdauer und Konzentration.

Zeigen Sie Verständnis

■ Diese Erkenntnis hilft Ihnen vielleicht, auf die Bedürfnisse Ihres Kindes besser einzugehen. Zeigt es bei bestimmten Aufgaben immer wieder Konzentrationsschwierigkeiten, versuchen Sie die Ursachen zu ergründen und verstehen Sie seine Gefühle. Wenn Ihr Sprössling eine Bastelarbeit schon nach wenigen Versuchen vom Tisch fegt, tut er das wahrscheinlich nicht, um Sie zu ärgern, sondern weil er von seinen Misserfolgen frustriert ist.

Deshalb wird es vermutlich wenig nützen, mit Ermahnungen wie »Jetzt konzentrier dich doch mal!« nachzuhelfen. Kinder machen Fehler nicht mit Absicht, sondern weil sie es nicht besser können. Helfen Sie Ihrem Kind, seine Schwierigkeiten zu meistern, indem Sie es behutsam anleiten. Bauen Sie schöne Förderspiele (Anregungen im Serviceteil) in den Alltag ein. Und zögern Sie nicht, bei Verdacht auf Wahrnehmungsstörungen professionelle Hilfe in Anspruch zu nehmen. <<<

Mit Geduld und Einfühlungsvermögen können Sie Ihrem Kind besser helfen als mit Ermahnungen.

Mandalas malen

Viele Kinder sind fasziniert von Mandalas. Die regelmäßigen, kreisförmig angeordneten Figuren laden nicht nur zum Ausmalen ein, sondern können auch tiefe Ruhe und Entspannung vermitteln. Im Buchhandel gibt es eine große Auswahl an Mandala-Vorlagen zu kaufen.

Wenn professionelle Hilfe nötig ist

Diagnose und Therapie von ADS und Wahrnehmungsstörungen

■ Auf den vorigen Seiten wurde deutlich, dass Konzentrationsstörungen oft mit Wahrnehmungsstörungen zusammenhängen. Diese wiederum werden, zumindest in gewissen Bereichen, mit einem weiteren Störungsbild in Verbindung gebracht: dem Aufmerksamkeits-Defizit-Syndrom, kurz ADS genannt. Kinder mit dieser Störung haben Schwierigkeiten, ihre Aufmerksamkeit zu bündeln und zielgerichtet einzusetzen. Sie reagieren zwar sensibel auf Umgebungsreize, können jedoch nur schwer kontrollieren, auf welchen Reiz sich ihre Aufmerksamkeit richtet und wie lange.

Die ADS ist häufig, aber nicht immer, von Impulsivität und motorischer Überaktivität begleitet. Die betroffenen Kinder zappeln ständig herum, verhalten sich ungestüm und unkontrolliert, ecken überall an. Der Umgang mit den kleinen Rabauken erfordert viel Geduld und kostet Nerven – insbesondere die Eltern, die sich obendrein oft den Vorwurf schlechter Erziehung gefallen lassen müssen. Außerdem gibt es noch eine Form von ADS, die genau ins Gegenteil ausschlägt: Diese Kinder sind langsam und verträumt, still und zurückhaltend, ängstlich und schüchtern.

Die wichtigsten Erkennungsmerkmale für ADS (mit oder ohne Überaktivität) sind diese:

ADS ist eine Belastungsprobe für die ganze Familie.

- Dem betroffenen Kind fällt es schwer, seine Aufmerksamkeit über längere Zeit auf eine Tätigkeit zu richten und Aufgaben von Anfang bis Ende durchzuführen.
- Es scheint häufig nicht zuzuhören, wenn es angesprochen wird.
- Es lässt sich leicht durch Umgebungsreize ablenken.
- Es hat Schwierigkeiten, Aufgaben oder Tätigkeiten sinnvoll zu planen.
- Es verrichtet Arbeiten, die eine länger andauernde Anstrengung erfordern (zum Beispiel Hausaufgaben oder Bastelarbeiten), nur widerwillig oder vermeidet sie ganz.
- Es ist bei Alltagsaufgaben häufig vergesslich.

Ärztliche Abklärung

■ Wenn bei Ihrem Nachwuchs Verdacht auf ADS oder auf Wahrnehmungsstörungen besteht, suchen Sie mit ihm am besten einen in diesem Bereich erfahrenen Kinderarzt, einen Kinderpsychiater oder eine kinderpsychiatrische Fachklinik auf. Eine sorgfältige Diagnose ist für eine gezielte Behandlung sehr wichtig. Da man als wesentliche Ursache für ADS eine Stoffwechselstörung im Gehirn vermutet, raten die Ärzte allerdings oft zu einer medikamentösen Behandlung, die umstritten

Langsam und verträumt – auch eine Form von ADS

gen Situationen angemessen verhalten kann. Unter anderem versucht man, die Dauer seiner Aufmerksamkeit durch Einüben entsprechender Grundfertigkeiten zu erhöhen: genaues Hinsehen und Hinhören, korrektes Wiedergeben von Gesprochenem, angemessene und überlegte Reaktionen. Begleitend dazu werden die Eltern in einem separaten Programm angeleitet, ihr Kind im Alltag wirksam zu unterstützen.

ist. Es handelt sich um Medikamente mit dem stimulierenden Wirkstoff Methylphenidat, die bei Kindern mit ADS die Aufmerksamkeit verbessern können, deren Nebenwirkungen jedoch noch nicht ausreichend erforscht sind. Als weitere Therapiemöglichkeiten seien im Folgenden nur einige der wichtigsten genannt:

Verhaltenstherapie

■ Bei Kindern mit ADS hat sich als Behandlungsmethode vor allem die Verhaltenstherapie bewährt. Hier lernt das betroffene Kind, wie es sich in schwieri-

Ergotherapie

■ Eine Ergotherapie eignet sich für Kinder mit ADS oder mit Wahrnehmungsstörungen im Bereich der Grob- und Feinmotorik. Hier wird auf spielerische Weise die Wahrnehmung und Motorik gefördert, indem man dem Kind Übungen anbietet, die ihm Spaß machen und Erfolgserlebnisse vermitteln, zum Beispiel Basteln, Werken und Malen. Ein wichtiges Konzept im Rahmen der Ergotherapie ist die sensorische Integrationstherapie, bei der es um die Verknüpfung der Sinneswahrnehmungen geht.

Psychomotorik

■ Diese Fördermaßnahme ist ebenfalls empfehlenswert für Kinder mit ADS oder Wahrnehmungsstörungen. Man bietet dem Kind in einer Gruppe Möglichkeiten zum gemeinsamen Spiel, zu Bewegung und kreativem Gestalten. Auf diese Weise werden sowohl seine Motorik und Körperwahrnehmung als auch seine sozialen Kompetenzen spielerisch verbessert. <<<

Therapien können Kindern richtig Spaß machen, vor allem, wenn sie Erfolgserlebnisse vermitteln.

69

Service

Zum Weiterlesen

■ **Martin Stiefenhofer:**

55 Tipps ... wie Ihr Kind sich besser konzentrieren kann. Praktische Hilfen – schnell und kompetent
Christophorus im Verlag Herder Freiburg 2002
Eine Sammlung von praktischen Ideen und Anregungen, mit denen Eltern ihr Kind zu mehr Aufmerksamkeit und Konzentration führen können.

■ **Bärbel Merthan:**

Ganz bei der Sache. Spielideen zur Konzentrationförderung
Verlag Herder Freiburg 2003
Schöne Konzentrationsspiele für Kinder im Kindergartenalter, die nicht nur nach Anzahl der Spieler, sondern auch nach Jahreszeiten sortiert sind: Spiele für einzelne Kinder oder Gruppen, für drinnen und draußen, für Frühling, Sommer, Herbst und Winter.

■ **Rita Steininger:**

Kinder lernen mit allen Sinnen. Wahrnehmung im Alltag fördern
Klett-Cotta Verlag Stuttgart 2005
Eine Fülle von Spiel- und Fördermöglichkeiten für alle sieben Sinne. Einleitend werden die Hintergründe von Wahrnehmungsentwicklung und Wahrnehmungsstörungen verständlich erläutert, sodass Eltern eigene Förderansätze entwickeln können.

■ **Monika Murphy-Witt:**

Spielerisch im Gleichgewicht. Wie unruhige Kinder ein gutes Körpergefühl finden
Christophorus Verlag Freiburg 2000
Auch dieses Buch bietet Eltern vielfältige Möglichkeiten zur Wahrnehmungsförderung ihres Kindes. Der Schwerpunkt liegt auf der Förderung der drei Grundsinne: Spürsinn, Motorik und Eigenwahrnehmung.

■ **Uta Reimann-Höhn:**

ADS – So stärken Sie Ihr Kind. Was Eltern wissen müssen und wie sie helfen können
Verlag Herder Freiburg 2006
Dieses Buch bietet Eltern von Kindern mit ADS Rat und kompetente Hilfe: mit grundlegenden Informationen, praktischen Anregungen, gezielten Entspannungs-, Beruhigungs- und Konzentrationsübungen sowie wirksamen Verhaltensstrategien.

■ **Uta Reimann-Höhn:**

So lernt mein Kind sich konzentrieren. Mit Praxistest
Verlag Herder Freiburg 2006
Fit für die Schule: Das Buch bietet nicht nur Informationen und praktische Tipps zur Konzentrationsförderung, sondern auch Anregungen für einen sinnvollen Umgang mit Medien.

■ **Cornelia Nitsch / Gerald Hüther:**

Kinder gezielt fördern. So entwickeln sich Kinder spielend
Verlag Gräfe und Unzer München 2006
Das Buch zeigt, wie sich Kinder vom ersten bis zum siebten Lebensjahr in verschiedenen Bereichen entwickeln: Motorik, Kreativität, Intelligenz, Sprache, Musikalität, Persönlichkeit, Sozialverhalten. Mit Spielen und Förderanregungen für jeden Bereich.

Lernhilfen für Kinder

■ **Simone Wirtz:**

Geschicklichkeit und Koordination. Rätsel und Übungen für die Vorschule
Loewe Verlag Bindlach 2003
Abwechslungsreiche Aufgaben rund um Geschicklichkeit und Koordination, mit Bewegungsübungen zur Verbesserung der Lernfähigkeit, für Kinder ab 5 Jahren.

■ **Sabine Kalwitzki:**

Logli Lernspiele. Buchstaben-Übungen für den Schulstart
Loewe Verlag Bindlach 2001
Spielerisches Kennenlernen der Buchstaben und des ABC, fördert nebenbei die Konzentrationsfähigkeit, für Kinder ab 6 Jahren.

Informations- und Beratungsmöglichkeiten

■ **Bundesvereinigung SeHT e.V. – Selbstständigkeitshilfe bei Teilleistungsschwächen**
Niedererdstraße 105
67076 Ludwigshafen
Tel.: 0621/6 85 88 42
E-Mail: bv-v@seht.de
www.seht.de

■ **Bundesverband Aufmerksamkeitsstörung/Hyperaktivität e.V.**
Postfach 60
91291 Forchheim
Tel. 09191/70426-0
E-Mail: info@bv-ah.de
www.bv-ah.de

■ **Verein zur Förderung wahrnehmungsgestörter Kinder e.V.**
Ben-Gurion-Ring 161
60437 Frankfurt
Tel. 069/954318-0
E-Mail: info@wahrnehmungs-stoerung.com
www.wahrnehmungsstoerung.com

Service

Spiele, Tipps und Anregungen

Sehen und hören

Motive suchen

Bevor eine alte Zeitschrift in den Container wandert, lässt sie sich vielleicht für diese lustige Bildersuche verwenden: Ihr Kind nimmt einen Stift in die Hand und Sie sagen ihm, nach welchem Bildmotiv es die Zeitschrift durchsuchen soll: nach einem Baum, einer Frau, einer Katze ... Das Kind sieht sich Seite für Seite genau an und kreist mit dem Stift die Fundstellen ein. Wenn es fertig ist, prüfen Sie gemeinsam, ob alle Bilder gefunden wurden. Die Aufgabe schärft nicht nur den Sehsinn, sondern erfordert auch ein hohes Maß an Aufmerksamkeit.

Kalt, wärmer, heiß

Hier kommt es auf genaues Hinsehen ebenso wie auf gutes Zuhören an. Während Ihr Nachwuchs draußen vor der Tür wartet, verstecken Sie einen bestimmten Gegenstand im Zimmer, zum Beispiel ein Spielzeug oder ein Küchengerät. Dann rufen Sie das Kind herein und lassen es suchen. Dreht es sich in die falsche Richtung, sagen Sie »kalt«. Ist es auf der richtigen Spur, sagen Sie »warm«, und je näher es dem Versteck kommt, desto öfter wiederholen Sie »wärmer«. Ist das Kind dem Versteck schon ganz nahe, rufen Sie »heiß«.

Seh- und Hörrohr

Bei einer Fülle von Umgebungsreizen geht manchmal der Sinn fürs Detail verloren. Mit einem selbst gebastelten Rohr können Sie die Seh- und Hörwahrnehmung sowie die Aufmerksamkeit Ihres Kindes gleichermaßen fördern: Rollen Sie ein Stück Karton zu einem Trichter mit einer kleineren und einer größeren Öffnung (ca. drei beziehungsweise zwölf Zentimeter Durchmesser) und verkleben Sie die Kanten. Zum Schluss schneiden Sie die Ränder der beiden Öffnungen gerade. Nun kann Ihr Sprössling das Rohr für gezieltes Entdecken und Horchen verwenden. Als Matrose im Ausguck schaut er durch das Rohr und meldet »Land in Sicht!«. Und als kleiner Detektiv kann er sogar Gespräche im Flüsterton belauschen.

Wo tickt es?

Sie schicken Ihren Nachwuchs aus dem Zimmer und verstecken in der Zwischenzeit eine laut tickende Uhr (zum Beispiel eine Eieruhr) im Raum. Wenn das Kind hereinkommt, soll es durch aufmerksames Horchen das Versteck der Uhr ausfindig machen. Alternativ können Sie statt einer Uhr ein Handy verstecken und es im passenden Moment klingeln lassen.

Woher kommt das Geräusch?

Wenn Sie sich mit Ihrem Kind das nächste Mal in einer lauten Umgebung, beispielsweise in einem Kaufhaus, aufhalten, probieren Sie mit ihm diese spannende Übung aus: Konzentrieren Sie sich gemeinsam auf ganz bestimmte Laute innerhalb der Geräuschkulisse, etwa das Plappern eines Kindes oder das Piepen des Scanners an der Kasse. Lassen Sie Ihr Kind dann auf die Suche nach der Geräuschquelle gehen – eine anspruchsvolle Aufgabe, die ganze Aufmerksamkeit erfordert.

Fühlen und entspannen

Tennisball-Massage

Ihr Kind legt sich auf den Bauch; seine Kleidung sollte möglichst dünn und bequem sein. Massieren Sie mit einem Tennisball seinen Rücken. Beginnen Sie bei den Armen und Schultern und wandern Sie dann in kreisenden Bewegungen vom Nacken abwärts zum Gesäß. Zum Schluss sind die Beine dran. Fragen Sie zwischendurch nach, ob dem Kind die Massage angenehm ist; der Druck sollte weder zu schwach noch zu kräftig sein. Zur Abwechslung können Sie den Tennisball gelegentlich durch einen anderen Ball ersetzen, zum Beispiel einen Schaumstoff- oder Igelball.

Auf der Wiese

Ihr Kind liegt wieder auf dem Bauch. Diesmal ist sein Rücken eine Wiese, über die Ameisen und Käfer krabbeln, Mäuse huschen, Füchse schleichen und wo das Gras sich im Wind bewegt. Versuchen Sie, zu jeder Bewegung eine entsprechende Berührung zu finden: Mal trommeln Sie mit den Fingerspitzen sanft über den Rücken, um die krabbelnden Insekten anzudeuten, mal streichen Sie mit der flachen Hand den Rücken aus, um das wogende Gras nachzuahmen. Besonders schön und entspannend ist es für Ihr Kleines, wenn Sie ihm dazu eine passende Geschichte erzählen.

Malen und reimen

Wenn Ihrem Kind der Umgang mit Malstiften schwer fällt, können Sie es auf spielerische Weise zum Malen motivieren, indem Sie die Tätigkeit mit einem Reim verbinden. Das fördert nebenbei das Rhythmusgefühl und das Koordinationsvermögen.

Das Mondgesicht

Der Mond ist rund, der Mond ist rund.
Er hat zwei Augen, Nas' und Mund.
Links ein Ohr und rechts ein Ohr,
da schaut das Mondgesicht hervor.

Zur ersten Verszeile wird ein Kreis gezeichnet. Das ist der Kopf, der dann parallel zum Vers mit Augen, Nase, Mund und Ohren versehen wird. Wer will, kann bei der letzten Zeile des Reims das Mondgesicht noch mit Strubbelhaaren versehen.

Service

Spiele, Tipps und Anregungen

Reaktion und Gedächtnis

Geschichte mit Signalwörtern

Dieses Spiel macht besonders viel Spaß, wenn mehrere Teilnehmer mitmachen. Jeder Spieler bekommt einen Begriff (Hund, Ball, Auto, Vater) genannt, den er sich merken und mit einer beliebigen Bewegung kombinieren soll (klatschen, stampfen, winken, sich verbeugen). Dann erzählen Sie eine Geschichte, in der die ausgewählten Wörter immer wieder vorkommen. Jeder Mitspieler muss sofort mit der entsprechenden Bewegung reagieren, wenn sein Begriff genannt wird. Wer seinen Einsatz verpasst, muss ein Pfand abgeben.

Der Bandwurm-Satz

Die folgende Gedächtnisübung eignet sich im Allgemeinen erst für Kinder ab dem beginnenden Schulalter, weil die sprachlichen Anforderungen sehr hoch sind. Auch hierfür sind mehrere Mitspieler erforderlich. Es geht darum, in Gemeinschaftsarbeit einen möglichst langen Satz zu bilden. Der erste Spieler fängt an und sagt nur ein Wort, zum Beispiel »Lena«. Der Nächste wiederholt das Wort und fügt ein weiteres hinzu, etwa »Lena kauft«. Weiter geht der Satz mit dem nächsten Wort: »Lena kauft heute.« Und so wiederholt jeder Spieler das bisher Gesagte und fügt ein Wort hinzu, bis am Ende ein möglichst langer Bandwurm-Satz entstanden ist.

Koordination und Geschicklichkeit

Ballon-Akrobatik

Knoten Sie an eine Stuhllehne nebeneinander zwei Schnüre von etwa 50 Zentimeter Länge. Der Abstand zwischen beiden sollte zehn bis 15 Zentimeter betragen. Geben Sie Ihrem Kind die beiden losen Schnurenden so in die Hand, dass sie waagrecht und parallel zueinander liegen wie zwei Eisenbahnschienen. Dann legen Sie einen aufgeblasenen Luftballon auf diese Schienen. Das Kind kann nun durch Heben und Senken der Schnüre den Luftballon hin- und herrollen. Diese Übung fördert nicht nur die Ausdauer, Konzentration und Geschicklichkeit, sondern sorgt auch für innere Ruhe und Entspannung.

Paarlauf

Für diese Geschicklichkeitsübung braucht das Kind einen etwa gleich großen Partner. Beide Kinder werden mit einer Schnur so aneinander gefesselt, dass ihr linker beziehungsweise rechter Fuß in Knöchelhöhe miteinander verbunden sind. Als Erstes wird ein gemeinsamer Spaziergang unternommen, dann muss das unzertrennliche Paar immer schwierigere Wegstrecken zurücklegen: Mal geht es die Treppe hinauf, mal um Hindernisse herum, mal im Rückwärtsgang.

Von Fuß zu Fuß

Genau das Richtige für eine muntere Rasselbande: Die Spieler sitzen barfuß im Kreis auf dem Boden. Der Erste hebt mit seinen Zehen einen Strumpf vom Boden auf und gibt ihn an seinen Nachbarn weiter, der ihn ebenfalls mit den Zehen aufnimmt und weitergibt. So wandert der Strumpf von Fuß zu Fuß, bis er wieder beim Ausgangspunkt angelangt ist. Jetzt geht es mit erhöhter Anforderung weiter: Der erste Spieler bringt den Strumpf erneut in Umlauf und gibt anschließend einen zweiten Gegenstand mit dem Fuß weiter, zum Beispiel einen Bleistift oder einen Radiergummi. In der nächsten Runde kann die Anzahl der Gegenstände je nach Können der Spieler weiter erhöht werden. Die Spieler müssen nun alle Geschicklichkeit aufbieten, um das Förderband am Laufen zu halten. Wer dreimal einen Gegenstand fallen lässt, scheidet aus.

Laufen und springen

Inselhüpfen

Was tun, wenn Ihr Kind keine Bewegungsmöglichkeit im Freien hat, weil das Wetter nicht mitspielt? Dann holen Sie am besten den Abenteuerspielplatz ins Haus – mit diesem unterhaltsamen Bewegungsspiel: Legen Sie auf dem Fußboden mehrere kleine »Inseln« aus; für diesen Zweck eignen sich zum Beispiel Fußabstreifer, alte Teppichfliesen oder Teppichbodenreste. Rutschsicher sollten die Inseln auf jeden Fall sein. Denn gleich kommt Bewegung in den Raum. Das Kind wählt sich eine der Inseln als Ausgangspunkt und stellt sich darauf. Dann versucht es, durch gezielte Sprünge von einer Insel zur anderen zu gelangen. Wenn es daneben springt, fällt es ins Wasser. Wird es ihm gelingen, zum Ausgangspunkt zurückzukommen? Noch spannender wird das Spiel mit mehreren Spielpartnern, dann lassen sich die Inselsprünge mit einem Rollenspiel verbinden.

Schuhhaufen

Bei warmem Wetter ist dieses Lauf- und Geschicklichkeitsspiel genau das Richtige zum Austoben. Einer der Spieler (es sollten mindestens vier sein) markiert auf einer Wiese oder einem Sportplatz eine Startlinie. Etwa 30 Meter davon entfernt ziehen alle Spieler ihre Schuhe aus und werfen sie auf einen Haufen, der ordentlich durcheinander gemischt wird. Danach stellen sich alle an der Startlinie auf und laufen auf ein Zeichen los. Jeder Spieler versucht so schnell er kann an seine Schuhe heranzukommen, zieht sie an und rennt zur Startlinie zurück. Wer als Erster dort ankommt, hat gewonnen.

Stark für den Schulalltag – das Selbstbewusstsein fördern

■ Der Eintritt in die Schule bedeutet für Kinder einen großen Schritt in die Selbstständigkeit. Zugleich sind mit dem neuen Alltag viele neue Herausforderungen verbunden: Schulanfänger müssen sich in die Klasse integrieren, neue Freunde finden, die eigene Meinung vertreten und auch mal Misserfolge verkraften können. Um damit gut zurechtzukommen ist es wichtig, dass sie ein stabiles Selbstbewustein haben und auf ihre Stärken und Fähigkeiten vertrauen. In diesem Kapitel erfahren Sie, wie Sie Ihr Kind dabei unterstützen können, innere Stärke und Sicherheit aufzubauen. Mit einem solchen stabilen Gerüst ausgestattet wird es in der Lage sein, im sozialen Miteinander gut zu bestehen und Schritt für Schritt eigene Wege zu gehen.

Stark sein fürs Leben
Warum Kinder Selbstbewusstsein brauchen

Selbstbewusste Kinder wissen, was sie wollen, und können »Nein« sagen.

■ Starke Kinder, die von sich selbst überzeugt sind und ein positives Ichgefühl entwickelt haben, kommen im Leben besser zurecht. Sie wissen, wer sie sind und was sie wollen. Sie können ihre Interessen benennen und sich für ihre Ziele, auch gegen den Widerstand anderer, einsetzen. Sie haben weniger Angst vor Fehlschlägen, verteidigen ihre Ideen und schauen mutig und zuversichtlich in die Zukunft. Selbstbewusste und selbstsichere Kinder vertrauen auf ihre Fähigkeiten.

Wenn ein Kind sich selbst mag und seine Stärken kennt, läuft es nicht Gefahr, sich ständig mit anderen vergleichen zu müssen. Es wird widerstandsfähig, kann Fehler besser verkraften und traut sich etwas zu. Im Zusammensein mit anderen gelingt es ihm, echte Freunde zu erkennen und dauerhafte Freundschaften zu schließen. Selbstbewusste Kinder vertrauen auf ihr eigenes Gefühl und lassen sich nicht von anderen einreden, was sie tun und denken sollen. Sie lernen, mit Angst und Trauer umzugehen. Aber sie sind auch mutig und neugierig, kennen ihre Grenzen, entwickeln Ideen und vertreten ihre eigene Meinung.

Starke Kinder sind besser gewappnet

■ Die Welt außerhalb der Familie ist oft nicht kindgerecht und sensibel. Durch die Medien werden viele Kinder viel zu früh mit Gewalt, Sex und Brutalität konfrontiert. Auch wenn ihre Eltern versuchen, sie davon fernzuhalten, irgendwo läuft immer ein Fernseher. Schon im Kindergarten treten erste Formen von Ausgrenzung oder Mobbing auf, in der Schule herrscht oft ein belastender Leistungsdruck, und auch Prügeleien und Erpressungen sind leider keine Seltenheit mehr. Immer wieder lässt sich bereits bei Kindern Suchtverhalten beobachten, zum Beispiel die Sucht nach Essen oder Computerspielen. Wenn sie älter werden, kommen sie auch mit Alkohol, Zigaretten und anderen Drogen in Berührung.

Um dem zu widerstehen, brauchen Kinder enorme Abwehrkräfte und den besonderen Schutz von Erwachsenen. Denn sie müssen stark genug werden, um sich gegen Gruppenzwänge wehren zu können und den hohen Anforderungen der Leistungsgesellschaft gewachsen zu sein. Dies gelingt nur, wenn ihr Selbstvertrauen und Selbstwertgefühl gut entwickelt ist und bereits im Vorschulalter aufgebaut wurde. In unserer sich schnell wandelnden Welt ist es für Kinder wichtiger denn je, sich auf sich selbst und ihre Familie und Freunde verlassen zu können. Nur dann sind sie dem Leben wirklich gewachsen und können auch große Herausforderungen und schwierige Situationen meistern.

Schutz vor Übergriffen und Missbrauch

■ Das Wissen von der eigenen Stärke und den eigenen Grenzen schützt Kinder auch vor gefährlichen Situationen. Sexuelle Übergriffe und Missbrauch finden in den meisten Fällen im weiteren Familien- oder Bekanntenkreis statt. Es gehört viel Selbstbewusstsein dazu, sich als Kind gegen einen Erwachsenen, vielleicht einen guten Freund der Familie, durchzusetzen. Dabei geht es natürlich nicht um die körperliche Auseinandersetzung, sondern um das entschiedene »Nein, ich will nicht!«. Es geht darum, schlechte Absichten zu erkennen, die Eltern zu informieren und sich Hilfe zu holen.

Das kann für Kinder sehr schwierig sein, lernen sie doch, Erwachsenen zu vertrauen und ihre Autorität anzuerkennen. Trotzdem sollen sie in zweifelhaften Situationen misstrauisch sein und sich den Anweisungen eines Erwachsenen widersetzen? Es braucht Mut, um hier beherzt zu handeln und die Konsequenzen des eigenen Verhaltens in Kauf zu nehmen. Denn zu erkennen, welche Situation zu einem Übergriff oder einem Missbrauch führen kann, ist nicht immer einfach. Wie leicht kann hier eine Fehleinschätzung passieren, deren Folgen für das Kind unangenehm sein können. Nur starke Kinder schaffen es, trotz dieser Unsicherheiten auf ihr Gefühl zu vertrauen und entsprechend zu handeln. <<<

Starke Kinder finden ihren Weg

Um innere Kraft und Sicherheit zu bekommen, brauchen Kinder den Rückhalt der Familie.

Das kann Ihr Kind schon
Schritt für Schritt eigene Wege gehen

Kinder sind sehr unterschiedlich, manche brauchen mehr und andere weniger Unterstützung.

■ **Anna (4) fängt schon an zu weinen, wenn ihre Mutter nur die Stimme erhebt. Sie ist ängstlich darauf bedacht, immer alles richtig zu machen, und traut sich wenig zu. Simon (6) hingegen muss alles zehnmal gesagt bekommen, bis er überhaupt reagiert.**

Wenn wir Kinder vergleichen, stellen wir schnell fest, wie unterschiedlich die kleinen Persönlichkeiten schon von Geburt an sind. Manche sind schüchtern und zurückhaltend, andere draufgängerisch und impulsiv oder vorsichtig und wachsam. Genauso, wie sich Kinder hinsichtlich Größe, Aussehen oder Gewicht unterscheiden, ist auch das Selbstbewusstsein verschieden stark ausgeprägt. Die einen brauchen sehr viel Unterstützung und Anerkennung, um sich etwas zuzutrauen, die anderen tendieren mehr zur Selbstüberschätzung und müssen eher gebremst werden. Um jedes Kind seinen Anlagen und Möglichkeiten entsprechend zu behandeln, benötigen Eltern viel Feingefühl und Erziehungskompetenz. Dabei geht es immer um eine Unterstützung der jeweiligen Persönlichkeitsentwicklung in die richtige Richtung: Unsichere Kinder brauchen viel Ermutigung, kleine Draufgänger hingegen müssen lernen, etwas vorsichtiger und bewusster zu handeln. Ein gesundes Selbstbewusstsein entsteht dann, wenn Kinder durch ihr Handeln Erfolgserlebnisse haben.

Wenn Kindern etwas zugetraut wird, vertrauen sie auf ihre eigenen Kräfte

Die ersten eigenen Schritte sind am schwersten

■ Benjamin (5) kann schon ganz alleine Brötchen beim Bäcker nebenan holen und Katharina (4) trägt stolz die schwere Einkaufstüte ohne Hilfe vom Auto bis zur Haustür. Lara (4) ist nach dem Kindergarten zum ersten Mal bei einer neuen Freundin geblieben und André (2) will nun endlich versuchen, alleine in seinem Bett einzuschlafen.

Diese Kinder machen alle große Schritte in die Selbstständigkeit, und das verdient Anerkennung. Die Hand der Eltern loszulassen und sich auf die eigenen Stärken zu besinnen, ist für Kindergartenkinder Neuland. Sie nehmen Abschied von der Rundumversorgung und tun dies mit einem lachenden und einem weinenden Auge. Einerseits sind sie neugierig und wollen gerne selbstständiger werden, andererseits haben sie aber auch Angst, dass das nicht klappt. Deshalb brauchen sie Zuspruch und Erfolgserlebnisse. Gelingt ihnen mit Unterstützung der Eltern ein Vorhaben, sind sie stolz und freuen sich über ihr Können. Sie werden selbstbewusster und gewinnen eine positive Einstellung zu sich und ihren Fähigkeiten. Schritt für Schritt lernen sie daran zu glauben, dass sie den weiteren Aufgaben des Lebens gewachsen sind. Das lässt sie neugierig, positiv und erwartungsvoll in die Zukunft blicken.

Entwicklung fordert Anerkennung

■ Sara (5) hat sehr genaue Vorstellungen davon, welche Kleider sie in den Kindergarten anziehen möchte. Da ihr modischer Geschmack jedoch noch in der Entwicklungsphase ist, kommen dabei manchmal sehr skurrile Kombinationen zustande. Wenn sich die Farben von Pullover und Hose beißen oder das Muster der Strümpfe mit dem des Kleides nicht zusammenpasst, beißt Saras Mutter die Zähne zusammen. Sie findet das Outfit ihrer Tochter zwar entsetzlich, so lange es aber den Wetterverhältnissen angepasst ist, erhebt sie keinen Einspruch. Schließlich beweist ihre Tochter Selbstständigkeit und zeigt Kreativität auf der Suche nach ihrem eigenen Stil. Das erkennt ihre Mutter an und lobt sie auch dafür.

Sicherlich wird Sara im Kindergarten manch erstaunten Kommentar über ihre extravagante Kleiderwahl aushalten müssen. Dass ihr das nichts ausmacht, ist ein bewundernswertes Zeichen für innere Stärke und Selbstbewusstsein.

Es liegt am Blickwinkel, ob die Entwicklungsschritte eines Kindes mit Freude und Lob oder mit Ungeduld und Tadel kommentiert werden. Das Feedback der Eltern und der engsten Familie trägt wesentlich dazu bei, dass Kinder ein stabiles Selbstbewusstsein aufbauen können. Je mehr echtes Lob und Anerkennung sie erhalten, desto mehr akzeptieren und mögen sie sich selbst. <<<

Wer viel Lob und Anerkennung bekommt, glaubt an seine Fähigkeiten und wird selbstbewusst.

Raus in die weite Welt

Ohne Mama in Kindergarten und Schule

Der Besuch des Kindergarten erfordert Mut und Selbstständigkeit.

■ Marco (3) soll heute das erste Mal allein im Kindergarten bleiben. Zu Hause hat er noch selbstbewusst behauptet, er schaffe das natürlich. Doch als er die Hand seiner Mutter an der Eingangstür zu seiner Gruppe loslassen soll, beginnt er zu weinen. Ob er sich zu viel vorgenommen hat?

Der Eintritt in den Kindergarten ist für viele Kinder nicht einfach. Obwohl sie neugierig und interessiert sind, haben sie doch Angst davor, die Sicherheit und Gewohnheit des eigenen Zuhauses für ein paar Stunden aufzugeben. Was passiert in der Zeit, in der sie weg sind? Ob Mama wirklich noch da ist, wenn sie zurückkommen? Gibt es im Kindergarten vielleicht Streit, schmeckt das Essen nicht oder ist das Lieblingsspielzeug unauffindbar? Um sich diesen Unsicherheiten stellen zu können, müssen Kinder auf ihre eigene Stärke vertrauen.

Mit der Zeit lernen sie, sich im Kindergarten sicher zu fühlen und die stundenweise Trennung von zu Hause nicht mehr als Bedrohung zu erleben. In der Gruppe machen sie wichtige Erfahrungen, die ihnen in der Schule, aber auch im späteren Leben von Nutzen sein werden. Sie lernen sich durchzusetzen, ihre Interessen zu vertreten, aber auch auf die Bedürfnisse anderer zu achten und sich zu integrieren. Das macht stark und selbstbewusst. Bei manchen geht das schneller, bei anderen dauert es länger. Es ist jedoch für alle Kinder eine wichtige Erfahrung, im Kindergarten gewesen zu sein.

Schulkinder brauchen Selbstbewusstsein

■ Mit dem Eintritt ins schulpflichtige Alter beginnt ein neuer Lebensabschnitt, der Kindern noch mehr Selbstständigkeit abverlangt. Der Wechsel vom Kindergarten in die Grundschule ist für alle Erstklässler ein großer Einschnitt, und trotz sorgfältiger Vorbereitung sind die zahlreichen neuen Anforderungen nicht leicht zu verkraften. Dabei sind die intellektuellen Herausforderungen für die meisten Schulkinder gut zu bewältigen. Schwieriger ist es für viele, ihre gewohnte Umgebung zu verlieren, einen geregelten Stundenplan einzuhalten, jeden Tag pünktlich aufzustehen oder ihre eigenen Wünsche und Interessen hinter die der Klasse zurückzustellen. Und dann kommen oft noch die hohen Erwartungen der Eltern dazu, die kein Kind enttäu-

Der Schulstart bringt einen großen Schritt in Richtung Selbstständigkeit

schen möchte. Das können am Anfang ganz schön viele Anforderungen auf einmal sein. Manche Kinder brauchen hier besonders viel Unterstützung.

Angst vor der Schule

■ Schüchterne, unsichere und unselbstständige Kinder haben es in dieser Situation besonders schwer. Sie leiden oft still und trauen sich kaum, ihre Ängste und Sorgen auszusprechen. Manche möchten morgens gar nicht mehr aus dem Haus gehen und weinen beim Abschied. Da ist viel Einfühlungsvermögen von Eltern und Lehrern gefragt. Je stärker und selbstbewusster ein Kind ist, desto besser kann es mit der neuen Situation umgehen. Selbstständigkeit und Selbstbewusstsein kann schon lange vor dem Schuleintritt aufgebaut werden:

■ Übertragen Sie Ihrem Kind kleine Aufgaben im Haushalt und vermitteln Sie ihm damit das Gefühl, wichtig zu sein.

■ Sorgen Sie für regelmäßige Kontakte zu Freunden über den Kindergarten und die Schule hinaus.

■ Zeigen Sie Ihrem Kind, wozu Lesen, Rechnen und Schreiben gut sind.

■ Geben Sie Ihrem Kind einen Talisman mit in die Schule oder den Kindergarten, damit es sich nicht so einsam fühlt.

■ Lassen Sie Ihr Kind viel von seinen täglichen Erfahrungen erzählen.

■ Nutzen Sie das abendliche Gutenachtsagen, um Ihrem Kind die schönen Momente des Tages in Erinnerung zu rufen.

■ Sparen Sie nicht mit Lob, denn jeder Tag ist für Ihr Kind eine Herausforderung.

Je besser die Schulanfänger vorbereitet sind, desto leichter fällt ihnen die Umstellung. Entscheidend ist, ob es Ihnen gelingt, Ihrem Kind Lust auf die Schule zu machen, ohne ein falsches Bild von ihr zu zeichnen. Eine positive Einstellung hilft Ihrem Kind, die ersten Tage und Wochen besser zu überstehen. Dabei sind kleine Fehlschläge normal. Manchmal vergisst es die Hausaufgaben, hat seine Malsachen nicht dabei oder das Sportzeug nicht eingepackt. Kein Grund sich aufzuregen, denn auch der Schulalltag wird nach einiger Zeit zur Routine. <<<

Erstklässler brauchen Zeit, um sich an die neuen Anforderungen zu gewöhnen.

Wissen macht stark
Kinder, die viel fragen, erobern die Welt

■ Sven (4) geht das erste Mal zusammen mit seinen Großeltern ins Theater. Ängstlich umklammert er die Hand seines Opas, denn er weiß nicht, was ihn erwartet. Vor jedem neuen Vorhang lässt er sich ganz genau erklären, was auf der Bühne passiert. Erst dann kann er der weiteren Vorstellung in Ruhe folgen. Wie gut, dass sein Opa ein sehr geduldiger Mensch ist und jede Frage ausführlich beantwortet.

Als sich die beiden einige Wochen später ein weiteres Theaterstück ansehen, ist Sven viel sicherer. Da er nun weiß, was ihn erwartet, hat er viel weniger Angst. Das Wissen hat ihn selbstbewusst gemacht.

Um sich sicher zu fühlen, muss ein Kind fragen dürfen und sich mitteilen können. Was für Erwachsene selbstverständlich ist, ist für Kinder oft noch Neuland. Mit ihrer Neugier, ihrem Forschergeist und ihren nicht enden wollenden Fragen bahnen sie sich einen Weg durch den Dschungel einer unbekannten Welt. Dabei erfahren sie viel über die Menschen und die Dinge, die sie umgeben, und lernen auch, was erlaubt und was verboten, was erwünscht und was tabu ist. Je mehr Kinder wissen, desto sicherer können sie sich in ihrer Umwelt bewegen. Um diese Sicherheit zu gewinnen, brauchen sie die Unterstützung von Erwachsenen.

Je mehr ein Kind fragt, desto schneller lernt es die Welt kennen.

Eltern können die Neugier und Lernfreude des Kindes unterstützen

Dumme Fragen gibt es nicht

■ Auf keinen Fall sollten Sie Ihrem Kind vermitteln, dass seine Fragen unerwünscht, nervig oder dumm sind. Solche negativen Reaktionen führen dazu, dass Ihr Kind sich nicht mehr traut, Fragen zu stellen, auch nicht bei anderen

Menschen oder in der Schule. Es fühlt sich als Person abgelehnt und möchte seine Sympathien nicht verspielen. Also hält es lieber den Mund, als eine Abfuhr nach der anderen zu bekommen. Sein Selbstbewusstsein leidet, und es verpasst dadurch viele Gelegenheiten, seinen Erfahrungsschatz und sein Wissen zu erweitern. Warum fällt der Vogel nicht vom Himmel? Wann schlafen Bäume? War Oma auch mal ein Kind? Das sind wichtige Fragen für einen kleinen Forscher, denen er später vielleicht als Biologe intensiver nachgehen wird.

Motivieren Sie Ihr Kind dazu, selbst Antworten zu finden

■ Je mehr Kinder fragen, desto eher sind sie dazu in der Lage, eigene Antworten zu finden. Machen Sie es Ihrem Kind nicht zu leicht, ein wenig selber Denken darf schon sein. Die Antworten, die einem Kind auf seine Fragen einfallen, sind oft spektakulär einfach und überzeugend logisch. Erhält es für seine Ideen und Vorschläge Anerkennung, wächst sein Vertrauen in seine Fähigkeiten nahezu von selbst. Eigene Lösungen zu finden, ist für Ihr Kind eine wichtige Erfahrung, die Lust macht auf mehr. Je öfter Ihr Kind durch sein Fragen Erfolgserlebnisse hat, desto häufiger wird es diese Form der Kommunikation nutzen, um sich weiterzuentwickeln. Selbst Antworten zu finden und Zusammenhänge zu erkennen, macht stark und neugierig auf die Geheimnisse der Welt.

Hinter Fragen verstecken sich oft Gefühle

■ Wer sich traut, Fragen zu stellen, nimmt damit auch Kontakt zu seiner Umwelt auf. Ein fragendes Kind offenbart seine Unsicherheit, seine Ängstlichkeit, seine Unkenntnis. Es trägt seine Gefühle nach außen und bittet andere um Hilfe. Ein Kind fragt nicht wahllos, sondern überlegt genau, wem es sein Vertrauen schenkt. Fühlen Sie sich geschmeichelt, wenn Ihr Kind Sie zu seiner Vertrauensperson macht. Und scheuen Sie sich nicht, ab und zu Ihr Unwissen zuzugeben. Für Ihr Kind ist nicht wichtig, dass Sie auf alles eine Antwort haben, sondern dass Sie ehrlich und geduldig auf seine Fragen eingehen. Wenn Fünfjährige wissen wollen, wohin ein Luftballon fliegt, oder wenn Siebenjährige sich über den Tod Gedanken machen, kann die Erklärung schon mal einige Zeit in Anspruch nehmen. Versuchen Sie herauszubekommen, warum Ihr Kind diese Fragen stellt. Vielleicht steckt eine ernste Sorge dahinter. Kinder brauchen Erwachsene, die ihnen dabei helfen, Gefühle zu verstehen und mit ihnen umzugehen. Das Wissen, mit seinen Fragen gut aufgehoben zu sein, gibt Ihrem Kind Kraft und Sicherheit. <<<

Es gehört Mut dazu, Gefühle der Angst oder Unsicherheit anzusprechen.

Neugier fördern

Regen Sie Ihr Kind zum genauen Beobachten an und suchen Sie gemeinsam nach Antworten auf seine Fragen: »Du möchtest wissen, wo China liegt? Komm, wir schauen, ob wir es im Atlas finden.«

Jungen und Mädchen sind stark
Wie Kinder lernen, sich selbst zu mögen

Seine Stärken und Schwächen zu kennen und zu akzeptieren, macht sicher.

■ Im Kindergarten ist Streit zwischen Ina (5) und Jenning (4) um einen Ball entbrannt. Die beiden Kinder versuchen, sich gegenseitig das Spielzeug zu entreißen. Obwohl Jenning jünger ist, hat er genügend Kraft, um den Ball an sich zu bringen. Ina gibt vorerst nach und lässt ihm den Ball. Doch dann wendet sie sich an eine Erzieherin und beschwert sich über Jenning. Diese schlichtet den Streit und findet mit den Kindern einen Kompromiss.

Jungen und Mädchen sind in ihrem Verhalten oft unterschiedlich. Mädchen sind in der Regel weniger aggressiv als Jungen, sie passen sich leichter an und setzen mehr auf Kommunikation. Jungen lieben es zu kämpfen, verehren Sportler und fantastische Comic-Helden. Mädchen mögen eher Bücher, Brettspiele und Gespräche. Beide Verhaltensweisen haben ihre Vorteile.

Im Kindergarten und in der Schule zahlt sich das Reden oft aus, denn Konflikte sollen nicht mit Gewalt gelöst werden. Aber es gibt auch Situationen, in denen das Kampfverhalten der Jungen angemessen ist, zum Beispiel beim Kräftemessen auf dem Spiel- oder Sportplatz. Die Stärke und ihre Fähigkeit, sich körperlich durchzusetzen, gibt Jungen ein Gefühl der Sicherheit. Mädchen hingegen fühlen sich oft schutzbedürftiger, sind jedoch stolz darauf, nicht so viel Ärger zu bekommen und sich nicht zu schlagen. Es ist Aufgabe von Erziehung (Eltern, Kindergarten und Schule), Kindern einen sinnvollen Umgang mit Kraft und Sprache zu vermitteln.

Zeigen Sie Ihrem Sohn, wann er seine Kraft sinnvoll einsetzen kann (»Hilf mir bitte mal, diesen schweren Topf hochzuheben.«), und zeigen Sie ihm ebenfalls, wann es besser ist, seine sprachlichen Möglichkeiten zu nutzen (»Sag mir, worüber du wütend bist, anstatt gegen die Tür zu treten.«). Ebenso können Sie ein Mädchen für sein soziales Verhalten loben (»Toll, dass du so schön leise bist, damit das Baby nicht wach wird.«) und es darin unterstützen, sich in manchen Situationen mehr durchzusetzen (»Wenn du dich ärgerst, kannst du ruhig mal deine Wut rauslassen.«) So bestärken Sie bestehende Fähigkeiten und erweitern darüber hinaus die Kompetenzen Ihres Kindes.

Ich bin okay

■ Sobald Kinder anfangen, sich selbst Eigenschaften zuzuschreiben, zum Beispiel »ich bin stark«, »ich bin schnell«, »ich bin tollpatschig« oder »ich bin lieb«, entwickeln sie ein Bild von sich, das positive und negative Eigenschaften umfasst. Ob Kinder ein gutes Gefühl zu sich und ihrem Körper haben, sich selbst mit all ihren Besonderheiten akzeptieren und somit auf Dauer ein stabiles Selbstwertgefühl aufbauen können, hängt immer von den Reaktionen ihrer Umwelt ab. Gerade Eltern tragen schon in den ersten Lebensjahren dazu bei, wie sich das Verhältnis ihrer Kinder zum eigenen Aussehen, zum eigenen Körper und ihrem Geschlecht entfaltet. Da ein Kind sehr sensibel auf Zuspruch und Ablehnung reagiert, sollten Sie vorsichtig mit Kritik umgehen und Ihren Blick auf das Positive richten. Wählen Sie Sätze wie »Ich finde gut, dass…«, »Mir gefällt, dass…«, »Das hast du gut gemacht.«, »Ich bin beeindruckt davon, wie du…«. Negative Kommentare und Zuschreibungen können sich im Kopf Ihres Kindes festsetzen und seine Entwicklung blockieren. Vermeiden Sie daher Sätze wie »Sei doch nicht so schusselig!«, »Was hast du denn da wieder für einen Unsinn gemacht!«, »Immer bist du so aggressiv!«.

Starke Vorbilder – starke Kinder

■ Eltern, die mit sich und ihrem Lebensmodell zufrieden sind, übertragen diese Lebensqualität auch auf ihre Kinder. Dabei ist es egal, wie Sie ihren Alltag gestalten. Eine Mutter und Hausfrau vermittelt ebenso wie die leitende Angestellte ein funktionierendes Rollenvorbild. Und ob der Papa Hausmann, Angestellter, Handwerker oder freischaffender Künstler ist – solange die Familie damit glücklich ist, sind die Auswirkungen auf die Kinder positiv. Was zählt, ist die Zufriedenheit mit dem eigenen Lebensentwurf. Denn Kinder müssen lernen, sich selbst zu akzeptieren, mit all ihren Eigenheiten, Stärken und Schwächen. Eltern, die eine positive Einstellung zu sich und ihrem Leben vermitteln und auch mit den eigenen Schwächen und Unzulänglichkeiten offen umgehen, helfen Kindern dabei, diese Sicherheit zu gewinnen. <<<

> **So helfen Sie Ihrem Kind spielerisch, ein positives Körpergefühl zu entwickeln**
>
> - Kuscheln und schmusen Sie mit Ihrem Kind, so oft es das möchte.
> - Lassen Sie es im Sommer auch mal nackt herumlaufen.
> - Turnen, rennen, springen und klettern Sie gemeinsam.
> - Laufen Sie zusammen barfuß über eine Wiese, über Sand oder Holz.
> - Spielen Sie: Wo sind deine Zehen? Wo sind deine Hände?
> - Sprechen Sie über Körperwahrnehmungen, zum Beispiel »Jetzt fühlst du dich aber müde« oder »Spürst du deine Kraft beim Werfen?«.
> - Regen Sie Ungewohntes an: Malen mit dem Fuß oder Laufen auf Zehenspitzen.

Das Verhalten der Kinder spiegelt oft das Verhalten der Eltern.

Das Selbstwertgefühl unterstützen
Zeigen Sie Ihre Liebe und Zuneigung

Kinder brauchen Tag für Tag die Gewissheit, geliebt zu werden.

■ Kinder brauchen Zuwendung und Liebe, um seelisch zu überleben. Dabei reicht es nicht, dass Sie Ihr Kind lieben und das wissen, Sie müssen es ihm auch zeigen. Und zwar jeden Tag aufs Neue, auch wenn Ihr Kind älter und anstrengender wird. Der Säugling wird rund um die Uhr gestreichelt, getragen und geküsst, denn sein Aktionsradius ist noch sehr eingeschränkt. Je älter ein Kind wird, desto mehr möchte es seinen eigenen Willen durchsetzen, ständiger Körperkontakt ist dann nicht mehr möglich oder erwünscht. Ein heranwachsendes Kind schwankt ständig zwischen Trennungsangst und Abenteuerlust, das ist aufreibend und kann die Nerven aller stark strapazieren.

Wenn Ihr Kind Ihnen mal wieder einen Trotzanfall beschert hat, ist es nicht so einfach, den überstandenen Stress und Ärger abzustreifen und das kleine Energiebündel liebevoll in den Arm zu nehmen. Es ist völlig in Ordnung, auf das eigene Kind in schwierigen Situationen wütend zu sein und ihm dies auch zu zeigen. Wenn die Auseinandersetzung vorbei ist, sollten Sie aber unbedingt wieder einlenken und Ihrem Kind zeigen, dass es Ihre Liebe durch sein Verhalten nicht verloren hat.

Konstruktiv kritisieren

■ Kritisieren Sie in Konflikten nie Ihr Kind, sondern nur sein Verhalten. Zeigen Sie ihm aber gleichzeitig auch, was es besser machen kann. »Ich verstehe deinen Zorn, aber vielleicht finden wir einen andern Weg das Problem zu lösen. Hast du eine Idee?« Auseinander-

Die Liebe und Zuwendung der Eltern macht Kinder stark

setzungen zwischen Kindern und Eltern sind unabdingbar für die Entwicklung einer eigenständigen Persönlichkeit. Denn letztlich geht es beim Erziehen immer darum, das Kind auf seinem Weg vom abhängigen Säugling zu einem starken, selbstständigen Menschen zu begleiten. Das beinhaltet in nahezu allen Lebensphasen auch Ablösungskämpfe, die aber keinen Liebesentzug nach sich ziehen dürfen. Tun sie es doch, verliert das Kind den Glauben an sich selbst.

Das heißt: Beschließen Sie jede Auseinandersetzung und jeden Tag positiv, egal was vorgefallen ist. Kindergartenkinder können mit der Versöhnung nicht bis zum Abend warten, ihre Gefühlswelt ist noch impulsiv und direkt. In der einen Minute können sie schreiend auf der Erde liegen und ein Eis verlangen, in der nächsten hingebungsvoll die vorbeikommende Katze streicheln. Lassen Sie nach einer Auseinandersetzung nicht zu viel Zeit vergehen, bis Sie Ihr Kind wieder liebevoll in den Arm nehmen und eventuell über den Vorfall sprechen. So geben Sie ihm in einer sich täglich verändernden Welt Halt und Sicherheit.

Lob, Ermutigung und Anerkennung

■ Liebevoller Körperkontakt ist eine Art, Ihrem Kind Wertschätzung zu zeigen, Sprache ist die andere. Schon früh reagieren Säuglinge auf den Tonfall von Stimmen. Sie können rasch erkennen, ob dahinter ein Lob oder eine Kritik steckt. Wenn das Verständnis der gesprochenen Sprache wächst, erfasst das Kind neben der Haltung auch den Inhalt des Gesprochenen. Es weiß dann nicht nur, dass es etwas falsch gemacht hat, sondern auch was. Ebenso versteht es, was ihm gut gelungen ist.

Im anstrengenden Erziehungsalltag mit Kindern neigen Eltern schnell dazu, nur noch auf störendes Verhalten sprachlich zu reagieren und positives Verhalten nicht zu kommentieren. Dabei ist gerade das enorm wichtig, denn so können Kinder klar und deutlich erkennen, was von ihnen erwartet wird. »Super, dass du deine Jacke gleich an den Haken gehängt hast!« oder »Prima, wie schön du dir schon alleine die Zähne putzen kannst.«: Solche konkreten Anerkennungssätze machen ein Kind glücklich und stolz. Es wird versuchen, auch in Zukunft solch ein Lob zu erhalten und das erwünschte Verhalten wiederholen.

Natürlich muss ein Lob immer echt sein, sonst ist es unglaubwürdig und wirkt nicht. Es sollte sich auf das Verhalten Ihres Kindes beziehen, da es dieses beeinflussen kann und soll. »Du hast ja so eine süße kleine Nase«, ist zwar ein nettes Kompliment, das Kind kann aber herzlich wenig dafür. »Wie schön, dass du dir heute Morgen deine Haare ganz alleine gekämmt hast«, erkennt ein positives Verhalten an, das sich wiederholen lässt. So weiß ein Kind genau, was von ihm erwartet wird und wie es auch in Zukunft Anerkennung erhalten kann. <<<

Nach einem reinigenden Gewitter brauchen Kinder wieder Sonnenschein.

Geduldig zuhören und klare Regeln aufstellen

Kinder brauchen Halt und Orientierung

Sprache ist ein gutes Mittel, die Welt zu erklären und zu verstehen.

■ »Wofür ist das Tiefkühlfach?«, will Tim (4) von seiner Mutter wissen. Als er erfährt, dass sich darin Lebensmittel länger halten, ist er sehr stolz auf sein neues Wissen. Nach dem nächsten Einkauf packt Tim so viel wie möglich ins Tiefkühlfach hinein. Seine Mutter ist ganz schön erstaunt, als sie die Marmelade, die Milch und den Zucker nach langem Suchen endlich dort findet. Kein Grund zum Schimpfen, denn Tim hat nur versucht, sein neu erworbenes Wissen sinnvoll anzuwenden.

Kinder möchten ihre Eindrücke und Erkenntnisse nicht für sich behalten, sondern sie anderen mitteilen. Wenn sie dann ihr neues Wissen anwenden, erwarten sie Lob und Anerkennung. Bekommen sie diese positiven Rückmeldungen nicht oder treffen sie stets auf Ungeduld und Zeitmangel, verlieren sie nach und nach ihren Wissensdurst. Es ist daher wichtig, dass Sie sich für die kindlichen Fragen ausreichend Zeit nehmen. Versuchen Sie nachzuvollziehen, wie Ihre Antworten beim Kind ankommen, damit Sie sicher sein können, dass es Ihre Erklärungen auch verstanden hat.

Kinder wollen sich austauschen

■ Erst durch Fragen und Erzählen können Kinder das Gesehene und Gelernte optimal verarbeiten. Es ist wichtig, dass Kinder dazu genügend Gelegenheit bekommen und in ihrem Hinterfragen der Welt bestärkt werden. Natürlich kostet es Geduld und Zeit, wenn Ihr Kind nicht einfach glaubt, dass Styropor leicht ist, sondern es selbst ausprobieren möchte. Sein Lerngewinn durch das praktische Erfahren ist jedoch ungleich größer als Ihr Zeitgewinn, wenn sie es nicht zulassen. Geben Sie Ihrem Kind das Gefühl, dass seine Fragen, Ideen und Vorstellungen wichtig sind. Geben Sie ihm Anerkennung durch geduldiges Zuhören und ernsthaftes Beantworten seiner Fragen. Dadurch fühlt es sich angespornt, auch im Kindergarten oder in der Schule selbstbewusst aufzutreten.

Erklärungen bieten Orientierung

■ Sobald ein Kind verstanden hat, warum es bestimmte Dinge tun oder lassen soll, wird es Ihre Anweisungen eher befolgen. Anstatt zu befehlen: »Du schnallst dich im Auto an, sonst werde ich sauer!«, geht es mit mehr Geduld und einer einleuchtenden Erklärung einfacher: »Du musst dich beim Autofahren

Kinder werden sicher, wenn sie wissen, wo es langgeht

unbedingt anschnallen. Wenn wir in einen Unfall geraten, kann es sonst passieren, dass du dir sehr weh tust.«

Wenn Ihr Kind eine Vorstellung davon bekommt, warum es sich anschnallen soll, fällt es ihm viel leichter, dies zu tun. Es wird nicht mehr herumkommandiert, sondern in seinem Verantwortungsgefühl angesprochen, und wird deshalb eher bereit sein zu kooperieren.

Klarheit und Grenzen geben Sicherheit

■ Kinder brauchen Grenzen und klare Regeln, damit sie sich sicher im Alltag bewegen können. Stellen Sie sich vor, sie sollen in einem fremden Land die Verkehrsregeln beachten, können jedoch die Schilder nicht lesen. Prompt machen Sie einen Fehler nach dem anderen, und Ihr Selbstbewusstsein fällt ins Bodenlose. Ebenso kann es Ihrem Kind ergehen, wenn es nicht genau weiß, was eigentlich erlaubt und was verboten ist. Je jünger ein Kind ist, desto mehr ist es darauf angewiesen, dass klare Regeln seinen Alltag begrenzen: «Was darf ich eigentlich im Fernsehen gucken?«, »Ist Fußballspielen im Wohnzimmer erlaubt?«, »Um wie viel Uhr muss ich ins Bett?«. Eine Regel zu kennen, gibt Ihrem Kind Sicherheit. Es kann (und wird) dann trotzdem immer wieder entscheiden, ob es die Regel einhalten will oder nicht. Solche Machtspiele gehören zur kindlichen Entwicklung dazu, und Ihr Kind wird lernen, die Konsequenzen eines Regelverstoßes selbst zu tragen.

Mit konkreten Anweisungen können Kinder gut umgehen, unklare Hinweise hingegen bergen viel Potenzial, etwas falsch zu machen.

Klar: »Bitte wasch dir vor dem Essen die Hände.«

Unklar: »Du siehst immer so schmuddelig beim Essen aus.«

Klar: »Nach dem Zähneputzen darfst du noch zehn Minuten spielen, dann wird das Licht ausgemacht.«

Unklar: »Heute Abend gehst du aber früher ins Bett als gestern.« <<<

Die natürliche Neugier der Kinder fordert geduldige Antworten.

Aus Fehlern lernen

Misserfolge verkraften und Probleme lösen

■ Karoline (6) konnte der Versuchung nicht widerstehen und hat bei ihrer Freundin Sabrina heimlich eine Tafel Schokolade mitgenommen. Vor dem Schlafengehen gesteht sie ihrer Mutter unter Tränen den Diebstahl. Sie hat ein furchtbar schlechtes Gewissen und weiß nicht, was sie nun tun soll. Die Mutter tröstet ihre Tochter, anstatt ihr Vorwürfe zu machen. Gemeinsam überlegen sie, wie sich die Tat wieder gutmachen lässt. Sie beschließen, Sabrina am nächsten Tag alles zu erzählen und ihr als Entschuldigung zwei Tafeln Schokolade mitzubringen. Endlich kann Karoline einschlafen.

Karolines Mutter hat sich vorbildlich verhalten. Ohne ihrer Tochter lange Vorwürfe zu machen, hat sie den Diebstahl als einmaliges Fehlverhalten akzeptiert und sofort mit ihr nach einer Lösung gesucht. Karoline lernt daraus, dass Fehler nicht versteckt und verheimlicht werden müssen, sondern dass man über sie sprechen und sie korrigieren kann. Sie hat große Stärke bewiesen, indem sie den Diebstahl gebeichtet und nicht verheimlicht hat. Die Reaktion ihrer Mutter unterstützt ihr Verhalten und zeigt ihr, dass diese Offenheit der richtige Weg war. Mit großer Wahrscheinlichkeit wird sie sich auch in Zukunft ihrer Mutter anvertrauen.

Eigene Fehler eingestehen ist mutig und verlangt Anerkennung.

Es gehört Größe dazu, einen Fehler einzugestehen

■ Fehler zu machen ist gut, denn durch sie lernt man etwas und erkennt, wie sich Dinge besser machen lassen. Deshalb sind sie kein Grund, traurig zu sein. Wer Fehler konstruktiv betrachtet, hat etwas Wichtiges für sein Leben gelernt. Kinder machen viele Fehler, das ist ganz normal. Aber sie müssen lernen, zu ihren Fehlern zu stehen und nicht vor ihnen wegzulaufen. Wenn ein Kind Angst vor den Konsequenzen seines Tuns hat, traut es sich irgendwann nichts mehr zu. Dieser Angst vor Strafe oder Scham können Sie als Eltern vorbeugen, indem Sie Fehler als etwas Positives sehen und das Ihrem Kind auch vermitteln.

Fehler können wieder gutgemacht werden

■ Ihr Kind hat mit seinen neuen Filzstiften die Tapete bemalt oder Schokolade auf dem Sofa verschmiert? Wenn Sie jetzt wütend werden, Ihr Kind anschreien und Strafen verhängen, wird dies wahrscheinlich nie wieder passieren. Aber vieles, was Ihrem Kind in Zukunft misslingt, werden Sie gar nicht mehr erfahren. Aus Furcht vor Strafe wird Ihr Kind künftig seine Fehler möglichst verschweigen. Außerdem entwi-

ckelte es Angst davor, Neues auszuprobieren, denn es könnte ja etwas schiefgehen.

Schlucken Sie Ihren Ärger also besser herunter und suchen Sie gemeinsam mit Ihrem Kind nach Wiedergutmachungsmöglichkeiten: Kann die Tapete zusammen übermalt werden? Gibt es ein tolles Reinigungsmittel für das Sofa? Und: Verstecken Sie auch Ihre eigenen Fehler nicht, denn der Umgang mit ihnen dient Ihrem Kind als Vorbild.

Kann Ihr Kind Misserfolge verkraften?

- Helfen Sie Ihrem Kind mit Misserfolgen umzugehen. Vielleicht hat es in einem Wettbewerb nur den letzten Platz belegt oder die selbst gebaute Legoburg ist eingestürzt? Kein Grund, lange traurig zu sein. Überlegen Sie gemeinsam, was die Ursache für den Misserfolg war und entwickeln Sie Pläne für einen neuen Versuch. Zeigen Sie Ihrem Kind auch, dass sowohl der Wettkampf an sich als auch das Bauen der Burg viel Spaß gemacht haben. Halten Sie sich nicht zu lange beim Misserfolg auf, sondern schauen Sie nach vorne und motivieren Sie Ihr Kind, es erneut zu versuchen:
- »Beim nächsten Mal kannst du das schon viel besser!«
- »Komm, wir probieren es gleich noch einmal!«
- »Die Burg sah toll aus, die bauen wir jetzt noch besser wieder auf.«
- »Ich finde es sehr mutig, dass du bei dem Wettkampf mitgemacht hast.«

Machen Sie Ihrem Kind Lust und Mut auf Neues

- Kinder brauchen Anregungen und Herausforderungen, um daran zu wachsen. Zum einen bietet der Alltag Ihrem

Gemeinsam lassen sich fast immer Lösungen finden.

Kind zahlreiche Gelegenheiten, sich zu erproben. Zum anderen haben Kinder viel Fantasie und jede Menge Ideen, die es zu verwirklichen gilt. Dabei dürfen sie aber nicht überfordert werden, denn das würde ihren Entdeckergeist bremsen. Die Aufgabe der Eltern ist es, sinnvolle Aufgaben von sinnlosen Herausforderungen zu trennen. Kindgerechte Aufgaben sind immer so konzipiert, dass sie mit etwas Anstrengung durchaus zu bewältigen sind.

Kleine Projekte machen stolz und stark

Kinder übernehmen gerne Verantwortung, das macht sie stolz.

■ Legen Sie zum Beispiel gemeinsam mit Ihrem Kind im Frühjahr ein kleines Blumenbeet auf dem Balkon oder im Garten an und übertragen Sie ihm die Bewässerungsdienste. Wenn dann im Frühsommer die ersten Blumen blühen, ist die Freude groß, und der kleine Gärtner kann zu Recht stolz sein. Je nach Alter des Kindes ist ein wenig Hilfe natürlich erlaubt.

Auch im zwischenmenschlichen Bereich brauchen Kinder manchmal Unterstützung: Ihre Tochter möchte sich mit einem älteren Mädchen anfreunden, traut sich aber nicht, sie anzusprechen? Bieten Sie ihr Hilfe zur Selbsthilfe an. Zum Beispiel können Sie einen gemütlichen Spielenachmittag mit Keksen und Tee veranstalten, zu dem Ihre Tochter das Mädchen einladen darf. Bestärken Sie Ihr Kind darin, seine Ideen und Pläne zu verwirklichen. Und trösten Sie es, wenn mal etwas schief geht. Das passiert jedem und ist kein Grund, zu verzweifeln oder aufzugeben.

So stärken Sie Ihr ängstliches Kind

■ Alle Kinder haben Angst, manche mehr und manche weniger. Angst ist meistens eine gesunde Reaktion auf neue und unbekannte Situationen, aber auch auf Gefahr. Eingreifen müssen Sie erst, wenn Ihr Kind permanent ängstlich ist und sich gar nichts mehr zutraut. Schauen Sie sich jede Situation genau an und fragen Sie Ihr Kind, wovor es Angst hat. Handelt es sich um eine reale Furcht, zum Beispiel vor einem Hund, brauchen Sie zunächst nicht einzuschreiten. Die Angst wird von selbst verschwinden, wenn kein Hund in der Nähe ist oder wenn Ihr Kind beginnt, Hunde interessant zu finden. Dann kann es aktiv werden und sich beispielsweise mit dem Hund der Nachbarn intensiver befassen. Davon verschwindet die Angst.

Das macht ängstliche Kinder stark:

- Nehmen Sie die Angst Ihres Kindes ernst und sprechen Sie mit ihm darüber.
- Helfen Sie ihm, Fantasie und Wirklichkeit zu unterscheiden.
- Mit einem Talisman oder anderen Mutsymbolen werden Fantasieängste bekämpft.
- Angstmachende Situationen werden in kleinen Schritten bewältigt.
- Machen Sie Ihrem Kind Mut, indem sie es auf seine Stärken und Erfolge hinweisen.

Schwieriger ist es, mit Trennungsängsten und eingebildeten Ängsten umzugehen. Viele Kinder weinen noch, wenn sie morgens in den Kindergarten gebracht werden. Die Angst vor dem unbekannten Tag und der Trennung von der Familie lässt nur langsam nach. Manchmal hilft da ein kleiner Talisman in der Hosentasche, der eine Verbindung mit Zuhause darstellt. Trennungsangst begegnen Sie am besten, indem Sie Ihrem Kind viel Sicherheit geben und dabei ganz verlässlich sind: Holen Sie es also nicht erst um zwei Uhr vom Kindergarten ab, wenn ein Uhr vereinbart war. Die Angst vor Fantasiegestalten lässt sich ebenfalls mit Fantasie bekämpfen: Ein Stofftier wird beispielsweise zum Schutzengel erklärt und beugt so Albträumen vor.

Schwaches Selbstbewusstsein muss nicht sein

■ Wenn Kinder sich von ihren Eltern oder Freunden nicht angenommen fühlen, leidet schnell ihr Selbstbewusstsein. Auch fehlende Erfolgserlebnisse oder die Dominanz eines älteren Geschwisterkindes können der Grund für den mangelnden Glauben an sich selbst sein. In solchen Fällen müssen Kinder sensibel aufgebaut werden. Ihre Stärken und Fähigkeiten müssen geduldig und konsequent hervorgehoben werden. Anhand von kleinen, bewältigbaren Aufgaben wächst nach und nach wieder der Glaube an das eigene Können. Auch ein Haustier, dem Kinder ihre Sorgen und Ängste anvertrauen können, hilft, selbstbewusster zu werden.

Bei Frust und Misserfolgen helfen Aufmunterung und Zuspruch

Ihr Kind braucht Sie

■ Kinder sind abhängige, kleine Persönlichkeiten, die auf den Schutz und die Liebe der Familie angewiesen sind. Ohne den Rückhalt der Eltern, ohne Lob und Anerkennung und ein Lebensumfeld, in dem sie sich und ihre Fähigkeiten ausprobieren können, gelingt es ihnen nicht, zu starken Persönlichkeiten heranzuwachsen. Gerade in den ersten Lebensjahren liegt es daher in der Verantwortung der Eltern, ihr Kind darin zu unterstützen, ein sicherer, neugieriger und selbstbewusster Mensch zu werden. ⋘

Mit Lob und Anerkennung stärken Sie auch ein schwaches Selbstbewusstsein.

Service

Zum Weiterlesen

Bücher für Eltern:

■ **Katharina Zimmer:**

Widerstandsfähig und selbstbewusst. Kinder stark machen fürs Leben
Kösel Verlag
Kempten 2005
Welche Schätze stecken in unseren Kindern? Wie können wir diese Schätze bergen? Und was müssen gute Eltern tun, um ihr Kind widerstandsfähig und stark zu machen? Der Elternratgeber von Katharina Zimmer zeigt anhand eines Stärke- und Vertrauensmodells, wie Eltern ihre Kinder beim Größerwerden unterstützen können. Dabei geht es der Autorin darum, dass Eltern die Fähigkeiten und Stärken ihres Kindes wecken, ohne hohe Leistungen zu erwarten oder unerfüllbare Anforderungen zu stellen. Dadurch entwickeln sich selbstbewusste und widerstandsfähige Kinder, die auch unvorhergesehene Situationen und Herausforderungen sicher meistern können.

■ **Christine Kügerl:**

Selbstbewusst und rücksichtsvoll. Wie Kinder starke und einfühlsame Persönlichkeiten werden
Verlag Herder
Freiburg 2006
Kinder sind unterschiedlich, und Christine Kügerl zeigt, wie sowohl robuste als auch sensible Kinder Durchsetzungsvermögen und emotionale Kompetenz erwerben können. Schon im Vorschulalter können Eltern die Weichen dafür stellen und jedes Kind entsprechend seinen Möglichkeiten fördern. Der Aufbau sozialer Kompetenzen, eine ganzheitliche Erziehung und der Wert von Gefühlen sind zentrale Bausteine von Kügerls Starkmach-Erziehung. Wie das geht, zeigt die erfahrene Familienberaterin anhand von zahlreichen Beispielen aus dem Alltag mit Kindern. Das Buch ist sehr praktisch und bietet für viele Alltagssituationen konkrete Handlungsmöglichkeiten.

■ **Gabriele Haug-Schnabel / Barbara Schmid-Steinbrunner:**

Wie man Kinder von Anfang an stark macht. So können Sie Ihr Kind erfolgreich schützen – vor der Flucht in Angst, Gewalt und Sucht
Oberstebrink Verlag
Ratingen 2005
Die Autorinnen plädieren für eine Schutzerziehung, um die Entwicklung von Kindern optimal zu unterstützen. Ein wichtiger Bestandteil der Schutzerziehung ist, dass Eltern ihren Kindern etwas zutrauen. Nur dann können sich diese im späteren Leben selbst etwas zutrauen. Dazu müssen Eltern immer genau wissen, was ihr Kind in der jeweiligen Entwicklungsphase kann und was nicht. So helfen sie ihrem Kind dabei, seine Fähigkeiten und Stärken zu entdecken und Erfahrungen fürs Leben zu sammeln.

■ **Thomas Grüner:**

Was Kinder stark und glücklich macht. Die kleine Elternschule
Verlag Herder
Freiburg 2006
Thomas Grüner möchte ratlosen Eltern eine Orientierungshilfe im komplexen Erziehungsalltag bieten. Fünf Dinge machen Kinder nach seinem Modell sicher und lebenstüchtig: Orientierung, Bindung, Einflussmöglichkeiten, Spaß und Anerkennung. Diese Bausteine müssen in eine Balance gebracht werden, damit Kinder stark und glücklich werden. Der Diplompsychologe und Vater gründete das Freiburger Institut für Konfliktkultur und arbeitet seit Jahren erfolgreich mit Kindern aller Altersstufen.

■ **Sylvia Schneider:**

Das Stark-mach-Buch. Wie Kinder selbstbewusst und selbstsicher werden
Christophorus im Verlag Herder
Freiburg 2002
In neun Kapiteln lernen Eltern, wie sie ihre Kinder fit fürs Leben machen. Es geht um Gefühle, Grenzen, Streit, Sinnesfreuden und Zuwendung. Ein wunderschön gestaltetes Buch mit vielen Tipps und Spielanregungen, das auch Kinder gerne betrachten werden. Liebevolle Zeichnungen und Fotos verdeutlichen die Haltung des Buches: Erziehung ist eine spannende Sache, die Kindern und ihren Eltern Spaß macht. Langweilige Erziehungstheorie oder den erhobenen Zeigefinger werden Sie hier vergeblich suchen. Stattdessen präsentiert das Buch einfallsreiche Spielideen, um Jungen und Mädchen zu mehr Selbstsicherheit und Lebensfreude zu verhelfen.

■ **Renate Zimmer:**

Kinder brauchen Selbstvertrauen. Bewegungsspiele, die klug und stark machen
Verlag Herder
Freiburg 2006
Dieser Elternratgeber ist randvoll mit Anregungen, wie Kinder ihre Umwelt mit all ihren Sinnen erforschen und erfahren können. Selber ausprobieren macht selbstständig und kompetent. Die erfahrene Sportpädagogin stellt in diesem Buch die schönsten Bewegungsspiele für drinnen und draußen vor. Ob an einem Regentag, beim Kindergeburtstag oder einfach so nach dem Mittagessen – für jede Situation finden Sie hier das passende Spiel.

Service

Zum Weiterlesen

■ **Rosemarie Portmann:**
Spiele, die stark machen
Don Bosco Verlag
München 2001
Die in diesem Buch versammelten Spiel- und Handlungsformen sind sehr gut geeignet, das Selbstvertrauen von Kindern zu stärken, und schöpfen die pädagogischen Möglichkeiten von Spielen voll aus. Kinder üben, erfolgreich mit sich und andern umzugehen, Vertrauen zu gewinnen und sicher zu werden. Die Themen sind: die eigenen Stärken kennen lernen, Stärke gewinnen, Stärke zeigen, gemeinsam stark sein.

Bücher für Kinder:

■ **Mario Ramos:**
Nur Mut, kleiner Luis
Moritz Verlag
Frankfurt 2006
Der kleine Luis ist nicht nur neu in seiner Klasse. Außerdem ist er der einzige Wolf unter lauter Schweinchen. Dafür wird er gehänselt und ausgegrenzt, nur Jojo bietet Luis die Freundschaft an. Der belgische Kinderbuchautor wagt sich hier an große Themen heran: Angst, Ausgrenzung, Rassismus. Und er zeigt, wie es zwei Freunden gelingt, eine schwierige Situation gemeinsam zu verändern. Ein Buch über Mut, Vertrauen und über die Kraft der Freundschaft.

■ **Uri Orlev:**
Der haarige Dienstag
Verlag Beltz & Gelberg
Weinheim 2002
Ab drei Jahren
Vor jedem Dienstag hat Michael Angst, denn da wäscht seine Mutter ihm immer die Haare. Weder sein Vater noch seine Schwester Daniela können ihm dann helfen, Mutter bleibt unerbittlich: Dienstags werden Haare gewaschen, egal was passiert. Und Michael schreit und schreit und schreit, so furchtbar findet er Haarewaschen. Jedes mal muss der Vater das Haus verlassen und die Schwester sich die Ohren zuhalten, damit sie Michaels Geschrei nicht hören müssen. Bis Daniela eine rettende Idee hat: Michaels Haare müssen ab. Aber dann kommt alles doch ganz anders.

Informations- und Beratungsmöglichkeiten

■ **Bundeskonferenz für**
Erziehungsberatung e.V.
Herrnstraße 53
90763 Fürth
Tel.: 0911/97714-0
E-Mail: bke@bke.de
www.bke.de
(Adressen aller Familienberatungsstellen bundesweit)

■ **Gesellschaft für die seelische**
Gesundheit in der frühen Kindheit (GAIMH e.V.)
Univ.-Klinik für Kinder- und Jugendheilkunde Graz
Auenbruggerplatz 30
A-8036 Graz
Tel.: 0043/(0)316/385-3759
E-Mail: gaimh@klinikum-graz.at
www.gaimh.de
(Die Webseite informiert über Beratungsstellen, die auf Säuglings- und Kleinstkinder spezialisiert sind.)

■ **Deutscher Kinderschutzbund**
Bundesverband e.V.
Schiffgraben 29
30159 Hannover
Tel.: 0511/30485-0
E-Mail: info@dksb.de
www.kinderschutzbund.de

■ **Deutsche Liga für das Kind**
Charlottenstraße 65
10117 Berlin
Tel.: 030/28599970
E-Mail: post@liga-kind.de
www.liga-kind.de
(Die Webseite enthält viele Informationen rund ums Kind.)

■ **Mütterzentren**
Bundesverband e.V
Müggenkampstraße 30a
20257 Hamburg
Tel.: 040/40170606
E-Mail: info@muetterzentren-bv.de
www.muetterzentren-bv.de
(Mütterzentren informieren und unterstützen Mütter.)

Service

Spiele, Tipps und Anregungen

Bewegung ist gesund und macht stark

Wenn Kinder sich selbst, ihren Körper und seine Möglichkeiten gut kennen, dann fühlen sie sich stark und sicher. Sport, Bewegung und Selbstverteidigung sind ein guter Weg, die eigenen Fähigkeiten zu testen und das Verhalten in einer größeren Gruppe zu üben. Das Angebot an Sportarten für Kinder ist groß, aber nicht immer auch altersgerecht. Gerade für Vorschulkinder sind Kombi-Angebote sinnvoll, in denen sie an unterschiedliche Sportarten langsam herangeführt werden. Mit der Zeit zeigt sich dann, welche Vorlieben das einzelne Kind entwickelt.

Selbstverteidigung

Erst ab circa zwölf Jahren ist es sinnvoll, einem Schulkind Selbstverteidigungstechniken zu zeigen, die es im Notfall anwenden kann. Die meisten Kampfsportarten können aber schon ab fünf bis sechs Jahren erlernt werden. Für jüngere Kinder sollte immer der Spaß an der Bewegung im Vordergrund stehen, nicht der Aspekt des Selbstschutzes. Spaß, körperliche Fitness, Zugehörigkeitsgefühle und Erfolgserlebnisse sind die Pluspunkte der Kampfsportarten, die auch Vorschulkindern viel Freude bereiten. Später kommt in vielen Fällen eine asiatische Lebensphilosophie hinzu, die den Sport in einen größeren Gesamtzusammenhang stellt. Judo, Taekwondo und Karate sind die bekanntesten Techniken, die in Volkshochschulen und privaten Sportschulen angeboten werden. Achten Sie beim Anmelden auf die pädagogischen Fähigkeiten des Lehrers und auf eine positive Atmosphäre im Trainingsraum. Schnupperstunden sollten immer möglich sein.

Rollenspiele

Rollenspiele sind für Kinder eine wunderbare Möglichkeit, Erfahrungen mit ihrem Körper zu sammeln und ihre Stimme als Ausdrucksmittel zu benutzen. Dabei schlüpfen sie in die Rolle eines anderen, eines Menschen, eines Tieres oder auch eines Fabelwesens, und versuchen möglichst genau, dessen Reaktionen, Bewegungen und Handlungen nachzuahmen. In einer Gruppe bekommt jedes Kind im Rollenspiel seinen eigenen Platz, es gestaltet und entscheidet durch seine Ideen mit, wie es weitergeht.

Rollenspiele sind für Kinder ab vier oder fünf Jahren geeignet und sollten nicht länger als eine Viertelstunde dauern. Ein Erzähler trägt eine Geschichte vor, und die Kinder versuchen, sich in die einzelnen Handlungsabschnitte »einzuspielen«. Wenn der Hund in der Geschichte bellt, dann bellen auch die Kinder, und wenn es aufregend wird, bekommen sie ängstliche Gesichter. Rollenspielgeschichten kann man leicht selbst erfinden. Ein paar Rahmendaten helfen beim Erzählen:

Der Ort: im Wald, im Flugzeug, auf einem Schiff, in der Wüste, in der Antarktis

Die Situation: auf einer Expedition, während eines Unwetters, bei einer Zirkusvorführung

Die Personen: Menschen, Tiere, Außerirdische

Die Stimmung: lustig, ängstlich, ärgerlich, fröhlich, überrascht

Sicher fallen Ihnen noch viele Möglichkeiten ein, spannende Rollenspielgeschichte zu erzählen und die Kinder dafür zu begeistern mitzumachen.

Sätze, die Ihr Kind stark machen:

Das schaffst du schon. Wenn nicht heute, dann morgen oder übermorgen. Du hast doch Zeit. (Wenn etwas nicht gleich klappt.)

Ich hab dich lieb, ganz egal was passiert. (Wenn beim Tischdecken ein Teller kaputtgegangen ist.)

Ich freue mich, dass es dich gibt. (Egal was Ihr Kind gerade angestellt hat.)

Ich verstehe, was du meinst. (Wenn Ihr Kind Ihnen etwas erzählt.)

Erzähl mir davon, ich höre dir zu. (Wenn Ihr Kind ein Problem beschäftigt.)

Ich bin so stolz auf dich. Mach weiter so. (Wenn Ihr Kind erfolgreich eine Aufgabe bewältigt hat.)

Ich vertraue dir jeden Tag aufs Neue. (Wenn Ihr Kind unsicher ist oder einen Fehler gemacht hat.)

Der Pokal geht um

Jedes Kind hat besondere Fähigkeiten und Eigenschaften, die es von anderen positiv abhebt. Manchmal ist es nicht so einfach, diese Fähigkeiten auf den ersten Blick zu erkennen. Da muss man schon etwas genauer hinsehen. Damit die Stärken jedes Kindes gewürdigt werden, können die Kinder einen besonderen Pokal (zum Beispiel aus bunt bemalten Klopapierrollen oder aus Gips) basteln, der jeden Tag von der Gruppe (im Kindergarten) oder der Familie an ein anderes Kind/Familienmitglied weitergegeben wird. Der Pokal steht immer für eine ganz besondere Fähigkeit, die an diesem Tag aufgefallen ist:

besonders lieb

besonders ordentlich

besonders hilfsbereit

besonders geschickt

besonders gut geholfen usw.

Um den Pokal zu verleihen, muss eine Abstimmung stattfinden. Das ist eine schöne Gelegenheit, den Tag Revue passieren zu lassen und die Stärken eines jeden hervorzuheben.

Die Autorinnen

Christina Buchner
(Kapitel Sprache und Mathematik)

Christina Buchner leitet eine Grundschule und ist viel in der Elternberatung tätig. Sie hat einen Leselehrgang entwickelt, den sie seit über zehn Jahren im Elementarunterricht einsetzt. Christina Buchner ist Autorin zahlreicher Bücher. Zuletzt erschien ihr Buch »Disziplin – kein Schnee von gestern, sondern Tugend für morgen« im VAK-Verlag.

Rita Steininger
(Kapitel Konzentration)

Rita Steininger arbeitet als freie Lektorin und Sachbuch-Autorin mit den Schwerpunkten Gesundheit, Erziehung und Entwicklungsförderung. Zuletzt erschien ihr Buch »Eltern lösen Konflikte. So gelingt Kommunikation in und außerhalb der Familie« im Klett-Cotta Verlag. Rita Steininger hat zwei Kinder und lebt mit ihrer Familie in München.

Uta Reimann-Höhn
(Kapitel Selbstbewusstsein)

Uta Reimann-Höhn ist Diplom-Pädagogin, Fachbuchautorin und leitet seit 1986 eine lerntherapeutische Einrichtung in Wiesbaden, wo sie mit ihrem Mann und zwei Kindern lebt. Zu ihren Veröffentlichungen zählen u.a. »ADS – So helfen Sie Ihrem Kind«, »Kinder fordern Klarheit«, »Rituale geben Sicherheit« und »So lernt mein Kind sich konzentrieren«.

Impressum

»Schulstart leicht gemacht« ist eine Zusammenstellung von vier Heften aus der Reihe mobile kompakt:

»Rechnen ist ein Kinderspiel. Mathematisches Denken im Vorschulalter fördern«

»Sprache – Schlüssel zum Schulerfolg. So fördern Eltern die Sprachentwicklung ihres Kindes«

»Voll konzentriert. So fördern Eltern den Lernerfolg ihres Kindes«

»Stark von Anfang an. Kinder selbstbewusst und sicher machen«

© Verlag Herder
Freiburg im Breisgau 2007

Alle Rechte vorbehalten –
Printed in Germany

ISBN: 978-3-451-00632-6

Titelfoto:
Heidi Velten

Fotos Innenteil:
Albert Josef Schmidt, Stefan Korn (S. 62)

Illustrationen:
Eva Czerwenka

Layoutkonzept:
Büro Magenta, Freiburg

Covergestaltung:
Friedrich Glatt, Freiburg

Satz und Layout:
Layoutsatz Kendlinger, Freiburg

Druck:
Druckerei Himmer, Augsburg

Gedruckt auf chlorfrei gebleichtem Papier

Fit für die Schule mit mobile aktiv

Aufgepasst und nachgedacht
Ideen zur Konzentrationsförderung

In diesem Heft finden Sie viele praktische Tipps und Spielideen für die spielerische Konzentrationsförderung zu Hause. So wird Ihr Kind, wenn der Schulbeginn näher rückt, bestens vorbereitet sein.

ISBN: 978-3-451-00674-6

- ausgewählte Förderideen – leicht umsetzbar und kreativ!
- Spiel und Spaß für Eltern und Kinder!

je € 4,90 (zzgl. Versandkosten)

32 S., geheftet

Hüpfen, Toben, Springen
Ideen zur Bewegungsförderung

Hier finden Sie zahlreiche Anregungen, wie Sie die kindliche Bewegungslust aktivieren und in Gang halten können. Die Ideen sind mit alltäglichen Gegenständen leicht umsetzbar und bringen Spaß für Groß und Klein!

ISBN: 978-3-451-00670-8

Reimen, Rätseln, Erzählen
Ideen zur Sprachförderung

Dieses Heft bietet vielfältige Ideen mit denen sowohl Dreijährige als auch Vorschulkinder ihren Sprachschatz erweitern und damit einen wichtigen Grundstein für ihre Sprachentwicklung legen.

ISBN: 978-3-451-00671-5

Hier können Sie mobile aktiv bestellen!

 0761/2717-244   www.mobile-medienversand.de

 0761/2717-249   service@mobile-medienversand.de